COLLECTION MICHEL LÉVY

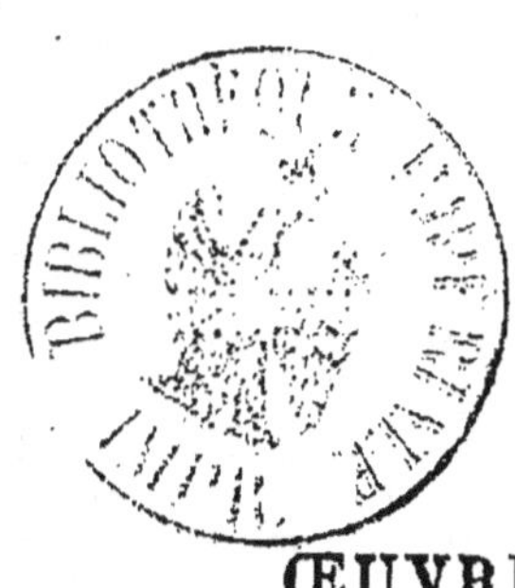

ŒUVRES COMPLÈTES

D'ÉMILE SOUVESTRE

ŒUVRES COMPLÈTES
D'ÉMILE SOUVESTRE

PUBLIÉES DANS LA COLLECTION MICHEL LÉVY

LES ANGES DU FOYER.. 1 vol.
AU BORD DU LAC.. 1 —
AU BOUT DU MONDE... 1 —
AU COIN DU FEU.. 1 —
CAUSERIES HISTORIQUES ET LITTÉRAIRES.. 3 —
CHRONIQUES DE LA MER.. 1 —
LES CLAIRIÈRES.. 1 —
CONFESSIONS D'UN OUVRIER.. 1 —
CONTES ET NOUVELLES... 1 —
DANS LA PRAIRIE... 1 —
LES DERNIERS BRETONS.. 2 —
LES DERNIERS PAYSANS.. 1 —
DEUX MISÈRES.. 1 —
LES DRAMES PARISIENS.. 1 —
L'ÉCHELLE DE FEMMES... 1 —
EN FAMILLE.. 1 —
EN QUARANTAINE.. 1 —
LE FOYER BRETON... 2 —
LA GOUTTE D'EAU... 1 —
HISTOIRES D'AUTREFOIS... 1 —
L'HOMME ET L'ARGENT... 1 —
LOIN DU PAYS.. 1 —
LA LUNE DE MIEL... 1 —
LA MAISON ROUGE... 1 —
LE MAT DE COCAGNE... 1 —
LE MÉMORIAL DE FAMILLE.. 1 —
LE MENDIANT DE SAINT-ROCH... 1 —
LE MONDE TEL QU'IL SERA... 1 —
LE PASTEUR D'HOMMES... 1 —
LES PÉCHÉS DE JEUNESSE.. 1 —
PENDANT LA MOISSON.. 1 —
UN PHILOSOPHE SOUS LES TOITS.. 1 —
PIERRE ET JEAN.. 1 —
RÉCITS ET SOUVENIRS... 1 —
LES RÉPROUVÉS ET LES ÉLUS... 2 —
RICHE ET PAUVRE... 1 —
LE ROI DU MONDE... 2 —
SCÈNES DE LA CHOUANNERIE.. 1 —
SCÈNES DE LA VIE INTIME... 1 —
SCÈNES ET RÉCITS DES ALPES.. 1 —
LES SOIRÉES DE MEUDON... 1 —
SOUS LA TONNELLE.. 1 —
SOUS LES FILETS... 1 —
SOUS LES OMBRAGES... 1 —
SOUVENIRS D'UN BAS-BRETON... 2 —
SOUVENIRS D'UN VIEILLARD, la dernière étape................................... 1 —
SUR LA PELOUSE.. 1 —
THÉATRE DE LA JEUNESSE.. 1 —
TROIS FEMMES.. 1 —
LA VALISE NOIRE.. 1 —

POISSY. — TYP. ET STÉR. DE AUG. BOURET.

LOIN

DU PAYS

ÉTUDES SUR LES COLONISATIONS FRANÇAISES

PAR

ÉMILE SOUVESTRE

PARIS

MICHEL LÉVY FRÈRES, LIBRAIRES ÉDITEURS

RUE VIVIENNE, 2 BIS, ET BOULEVARD DES ITALIENS, 15

A LA LIBRAIRIE NOUVELLE

1865

LOIN DU PAYS

LIVRE PREMIER

SAINT-DOMINGUE

I

La découverte de Colomb ne fut ni un calcul de la
science, ni une inspiration spontanée; le pilote gé-
nois ne devina pas le Nouveau Monde, comme on l'a
prétendu, car l'existence de celui-ci était depuis
longtemps affirmée par la tradition populaire. Une
vieille légende, connue dans tous les ports d'Espagne et de Portugal, racontait qu'à l'époque de l'in-

vasion des Maures, sept évêques de Castille s'é-
taient embarqués avec un grand nombre de chrétiens pour fuir la persécution, et qu'ayant abordé à
une île éloignée, ils s'étaient décidés à brûler leurs
vaisseaux et à bâtir sept villes dont ils s'étaient
déclarés rois. Cette île, dans laquelle les plus éru-
dits prétendirent voir la Thulé des anciens poëtes,
était même marquée sur des cartes portugaises, et
plusieurs navigateurs périrent en la cherchant; on
la disait placée à deux cents lieues des Açores, vers
l'occident.

Une autre tradition rapportait que, lors de la découverte de ces dernières îles par Gonzalo Velho,
en 1432, on avait trouvé à Cuervo (1) une statue de
terre cuite représentant un homme nu qui montrait
du doigt le couchant, et au bas de laquelle était
gravée une inscription en langue inconnue. Vers la
même époque enfin, on parla du retour d'un navire
portugais qui, entraîné par la tempête, avait découvert, à l'ouest, une île nouvelle. Don Henri,

1. Une des moindres îles des Açores, au nord-ouest du
groupe.

comte de Viseo, fit venir le pilote de ce navire et voulut le mettre à la tête d'une expédition destinée à retrouver la terre qu'il n'avait fait qu'entrevoir; mais l'homme eut peur et prit la fuite.

L'opinion qu'il y avait *quelque chose* à trouver à l'occident était donc généralement répandue, et Christophe Colomb n'avait, pour ainsi dire, qu'à la sanctionner. Grâce à lui, ce qui n'avait été jusqu'alors qu'une vague rumeur devint une conséquence de la forme même du globe terrestre; il prouva d'abord, par le raisonnement, que les terres dont il était question devaient exister, puis prouva, en les découvrant, qu'elles existaient. On peut donc dire qu'il n'eut d'autre mérite que de *justifier le premier la tradition*, mérite immense et le seul auquel les plus hautes intelligences puissent prétendre, car les faits sont comme ces semences que le vent éparpille partout, mais qui ne germent qu'à de rares endroits; l'homme de génie ne les invente point, il les féconde.

Aussi, le retour de Colomb en Espagne ne fut-il point seulement un événement politique, ce fut un triomphe populaire. La foule accourut de tous les points du royaume pour voir celui qui avait transformé ses rêves en réalité. Il traversa les villes entouré de matelots qui portaient des roseaux de vingt pieds de haut, chargés d'oiseaux aux mille couleurs, de feuillages gigantesques, de fruits inconnus. Derrière venaient des chariots sur lesquels s'élevaient des corbeilles pleines de poudre d'or. Les cloches sonnaient à pleine volée, les moines chantaient des cantiques d'actions de grâces, et le peuple répétait :

Voilà celui qui nous a acheté un monde pour 17,000 écus [1] !

---

[1]. Ce fut ce que coûta à l'Espagne la première expédition de Colomb.

II

Or, ce monde, ce n'était point le continent américain, qui devait être découvert un peu plus tard,
mais la grande île d'*Haïti* [1], où il venait d'aborder (en 1492), et à laquelle il avait donné le nom
d'*Hispaniola*.

Cette île, qui a quatre cents lieues de tour et trois
mille huit cent trente lieues carrées de superficie,
était alors partagée en cinq royaumes gouvernés

1. Haïti, selon dom Pierre Danglerie, signifiait, dans la langue des naturels, *pays montueux*. Ils donnaient aussi à leur île
le nom de *Quisqueia* et de *Cipanga*.

par des chefs distincts [1]. La population était nombreuse, mais si pacifique, qu'elle connaissait à peine les armes de guerre en usage dans les petites Antilles et sur le continent. Elle chassait même rarement avec l'arc, se contentant de prendre les oiseaux aux filets ou de mettre le feu à une portion de savane et d'y chercher ensuite les animaux demi-rôtis par l'incendie [2]. Les femmes labouraient superficiellement la terre où elles semaient du maïs, des patates et du manioc.

Chez les Haïtiens, le pouvoir des chefs était héréditaire et absolu, la religion presque semblable à celle des Caraïbes, la polygamie générale, et le vol puni de mort. Les hommes passaient la plus grande

1. Le royaume du nord s'appelait *Marien*; celui de l'est, *Higuei*; celui de l'ouest, *Xaragua*; celui du midi, *Maguana*, et celui du centre *Magua*.

2. Il n'y avait à Saint-Domingue, avant l'arrivée des Européens, que cinq sortes de quadrupèdes, de petite espèce, qui furent détruits plus tard par les chiens et les chats. Ces quadrupèdes étaient les *utias*, les *chemis*, les *mohuis*, les *coris*, variant de la grosseur du rat à celle du lapin, et les *goschis*, espèce de petits chiens muets.

partie de leurs journées à danser ou à jouer du *batos,* espèce de ballon qu'ils se renvoyaient avec la tête, les genoux, les coudes et les hanches. Quand cet exercice violent les avait épuisés, ils étendaient sur un brasier des feuilles de *cohiba* (tabac), recueillaient la fumée dans un tuyau fourchu, dont ils mettaient les deux branches dans leurs narines, et ne tardaient pas à tomber dans des ivresses qui, à la longue, affaiblissaient leur intelligence[1].

1. *Histoire de Saint-Domingue,* par Charlevoix, vol. I, p. 41. L'instrument fourchu dont se servaient les Haïtiens s'appelait, dans leur langue, *tabaco.*

III

Tel était le peuple que les Espagnols allaient avoir à soumettre. Quant au pays, tous ceux qui l'avaient visité le comparaient au paradis terrestre. C'était un mélange de forêts vierges et de savanes arrosées par d'innombrables cours d'eau; une terre miraculeuse où tout croissait sans culture et dans de gigantesques proportions. Les compagnons de Colomb y avaient trouvé des salines naturelles, des échantillons de cuivre, de houille, de soufre, de fer, mais surtout de l'or.

A cette nouvelle, tous les bandits et tous les mendiants des deux Castilles s'émurent; on vit s'abattre sur *Hispaniola* une armée de gentilshommes « dont le plus savant ne savait ni le *Credo* ni les dix commandements [1], » mais tous bien décidés à retourner l'île entière et à en extraire jusqu'à la dernière parcelle d'or.

Avando fut le chef de cette colonisation ou plutôt de cette fouille. Ayant besoin de bras pour l'exécuter, il fit main basse sur les habitants sans défense et les partagea comme esclaves entre ses Esgnols. Les hommes, liés deux à deux et le carcan au cou, furent envoyés aux mines, les femmes allèrent labourer la terre, et les enfants, abandonnés, périrent pour la plupart.

Néanmoins des villes se fondaient. Dès 1506, il se faisait à Hispaniola quatre fontes d'or par an qui rapportaient quatre cent soixante mille marcs; mais dès lors l'île était dépeuplée d'Indiens, et les travailleurs manquaient. On envoya des navires pour en chercher aux îles Lucayes.

1. *Histoire des Indes Occidentales,* par Barthélemy de Las Casas, p. 234.

Les Espagnols y furent reçus comme des êtres descendus du ciel. Ils en profitèrent pour persuader aux habitants qu'ils arrivaient d'un pays délicieux habité par les âmes de leurs ancêtres, et finirent par leur proposer de les y conduire. Quarante mille de ces malheureux, qui se laissèrent persuader, furent transportés à Hispaniola et réduits à la servitude. Presque tous y échappèrent en se donnant la mort, on voyait les routes couvertes de leurs cadavres, et l'on trouvait, à tous les arbres, des femmes pendues avec un enfant attaché à chaque pied !

Cependant des navires continuèrent à visiter les Lucayes, afin de pouvoir, dit un contemporain, « après les vendanges faites, grapiller et cueillir les gens qui y restaient [1]. » Mais, comme presque tous ces navires manquaient d'eau et de vivres, ils perdaient en chemin une partie de leur cargaison humaine, et une barque, s'étant aventurée à faire la même route sans compas ni carte marine, put se conduire *seulement à la trace des Indiens morts*

____

1. Las Casas, p. 23.

que les vaisseaux qui étaient passés avaient laissés après eux, flottant sur la mer [1]. Ce fut de cette manière que des îles, qui « étaient comme des jardins et des ruches d'abeilles, » devinrent désertes.

On eut alors recours au continent. Les Espagnols qui venaient d'en achever la conquête, sachant que l'on manquait de bras à Hispaniola, y envoyèrent des chargements d'esclaves en si grand nombre, que l'on donnait huit cents Indiens pour une jument. Mais cette abondance fut de courte durée. Les Espagnols du continent, comme ceux des deux îles, détruisaient tout follement et sans but. Après avoir mangé le grain destiné aux semences, tué les moutons afin d'en avoir la cervelle, et engraissé des Indiens pour nourrir leurs chiens, ils se trouvèrent tout à coup sans esclaves, sans troupeaux et sans moissons. Les mines, auxquelles on avait tout sacrifié, manquant d'ouvriers, cessèrent de produire, et ce flot d'or qui, pendant quelque temps, avait coulé du nouveau monde en Espagne, s'arrêta tout à coup comme une source tarie.

1. Las Casas, p. 133.

Las Casas avait du reste prévu ce résultat, lorsqu'il adressa au roi, en 1542, son magnifique plaidoyer en faveur des Indiens. Il y disait :

« Votre majesté n'a point, en toutes les Indes, un maravédis de rente qui soit certaine et durable, mais tout le revenu est comme les feuilles et la paille qu'on lève de dessus la terre, lesquelles choses levées une fois on n'y retourne plus. »

Cette disette d'esclaves indiens se fit surtout sentir à Hispaniola. On tâcha de les remplacer par des nègres de la côte d'Afrique; mais ceux-ci se livrèrent avec tant de maladresse et de dégoût à l'exploitation des mines, devenues d'ailleurs moins abondantes, qu'il fallut les abandonner.

Par compensation, les nouveau-venus s'appliquèrent à la fabrication des sucres, qui prit bientôt une telle extension, que le seul droit d'entrée payé pour cette denrée à l'empereur Charles-Quint suffit au droit de construction de deux palais [1].

Mais ce fut une source passagère. Les petites An-

---

1. Charlevoix, vol. I, p. 422.

tilles élevèrent à leur tour des sucreries qui firent concurrence et réduisirent les profits, de sorte que les colons d'Hispaniola, découragés, émigrèrent insensiblement sur le continent, où l'on trouvait encore de l'or. L'empereur fut obligé de publier une ordonnance, en 1527, par laquelle il était défendu de quitter les îles pour la terre ferme, à moins d'en avoir obtenu la permission. Par malheur, il en fut de cet ordre comme de tous ceux qui contrariaient les intérêts ou les désirs des colons espagnols, on l'éluda; et, dès la même année, il fallut réunir les deux évêchés d'Hispaniola en un seul.

Enfin, la défense de commercer avec les Hollandais acheva de ruiner la colonie. Les habitants, sacrifiés et abandonnés par la métropole, renoncèrent à toute espèce de fortune, laissèrent les terres en friche, et, bornant chaque jour davantage leurs désirs afin de borner leur activité, ils commencèrent à redescendre, par une pente fatale, vers la sauvagerie de ceux-là mêmes qu'ils avaient remplacés.

IV

Beaucoup de causes aidèrent, du reste, à cet abâ-
tardissement rapide : l'influence d'un climat éner-
vant, la présence d'esclaves qui exemptaient de
l'action, la prodigalité d'une nature tellement féconde que les premiers besoins pouvaient se satisfaire sans travail. Puis, ce n'était plus la dure et
fière race des anciens Castillans! le sang des vainqueurs, mêlé à celui des femmes haïtiennes, s'était
appauvri; l'âme des colons avait perdu son type
comme leurs traits. Dépouillés de l'inquiétude aventureuse des Espagnols, sans avoir pris l'amour du

sol qu'ils habitaient, les nouveaux habitants d'Hispaniola vivaient dans leurs cases comme des voyageurs sous une tente, sans chercher à rien améliorer; justifiant ainsi la prévision de la reine Isabelle lorsqu'elle avait dit à Colomb : « Je crains qu'il n'en soit des hommes qui naîtront dans ce pays, comme des arbres que vous y avez vus, et qu'ils ne manquent de racines. »

Toujours couchés dans leurs hamacs, ils ne connaissaient d'autre occupation que de fumer, de boire du chocolat ou de répéter leur rosaire. Un cheval attaché contre un piquet, à la porte de la case, les attendait toujours, s'ils voulaient se lever pour cueillir des fruits ou boire aux fontaines, car aucun d'eux n'eût traversé à pied la vallée la plus étroite.

Le résultat de cette paresse fut la cessation de tout commerce avec l'Europe. En 1506, déjà, il n'arrivait plus à la capitale de l'île, Saint-Domingo, qu'un seul navire espagnol par an; encore le gouverneur et les autres officiers en achetaient-ils toute la cargaison, qu'ils revendaient ensuite en détail avec de gros bénéfices. Telle était enfin la misère des colons, que l'évêque fut obligé de faire dire une messe pour ceux qui ne pouvaient sortir le jour, faute de vêtements.

Le gouvernement espagnol eût pu changer cet état de choses en envoyant des chefs actifs et habiles; mais, à Madrid, on regardait l'Amérique comme un bénéfice à partager entre les nobles nécessiteux. Le brevet de gouverneur était donné à un gentilhomme avec la recommandation de ramasser bien vite 50,000 écus, *afin de faire place à d'autres*. On vit des provinces confiées à des idiots qui n'avaient pu apprendre à signer leurs noms, et les armadilles commandées par des capitaines tellement impotents, qu'il fallait un laquais pour les faire manger. Aussi la puissance coloniale des Espagnols était-elle partout sur son déclin. Les successeurs de Cortez et de Pizarre n'avaient gardé de leurs ancêtres que l'orgueil, encore était-il descendu des actions au cérémonial; les matelots s'appelaient, entre eux, *senores marineros;* lorsqu'un soldat en relevait un autre, tous deux se saluaient et se complimentaient avant d'échanger la consigne [1]; mais, soldats ou matelots, amollis par l'aisance et mal commandés, étaient également désireux d'éviter l'ennemi.

1. Labbat, vol. V, p. 287.

V

Tel était l'état des choses, lorsque les Français, déjà établis dans les petites Antilles, tournèrent les yeux vers Hispaniola.

Dès 1626, quelques-uns des colons, chassés de Saint-Christophe par don Frédéric de Tolède, s'étaient réfugiés sur la côte occidentale de l'île espagnole. Ils y trouvèrent un certain nombre de matelots naufragés ou *dégradés* [1], au sort desquels ils s'associèrent.

---

1. On désignait sous ce nom les marins déposés par le capitaine sur une terre étrangère ou déserte, en punition de quelque délit.

Les porcs et les taureaux, naturalisés dans l'île, y étaient devenus innombrables; les nouveaux débarqués se mirent à les chasser, vendant les peaux aux Hollandais, le lard fumé et la *mantegue* [1] aux Espagnols. Telle fut l'origine des boucaniers.

Leur nombre prit un tel accroissement, que le gouverneur de Saint-Domingo finit par s'en inquiéter et voulut les chasser de la grande terre. Il forma, dans ce but, cinq compagnies de lanciers, chacune de cent hommes, dont moitié devait toujours tenir la campagne, ce qui leur fit donner le nom de *cinquantaines*. Ils parcouraient les savanes, attaquant les boucaniers isolés, et les perçant de leurs lances lorsqu'ils les trouvaient endormis dans les sacs où ils s'enveloppaient le soir pour échapper aux piqûres des moustiques.

Les boucaniers se vengèrent en allant s'embusquer, avec des pirogues, à l'embouchure des rivières espagnoles, et attaquant tous les navires qui en sortaient. Quelques riches prises leur firent pren-

1. Graisse fondue.

dre goût à ces courses, et beaucoup abandonnèrent la chasse pour devenir flibustiers [1].

Quant à ceux qui persistèrent dans leur ancien métier, ils pensèrent que le seul moyen de résister aux *cinquantaines* était de former dans une des petites îles qui avoisinaient Hispaniola, un établissement où ils pussent se réunir pour chasser en troupes sur la grande terre, retourner en cas d'attaque, et faire leur commerce en sûreté. Ils s'emparèrent, en conséquence, de l'île de la Tortue, dans laquelle les Espagnols n'avaient qu'un *alferez* avec vingt-cinq hommes, et, y ayant trouvé des défrichements commencés, plusieurs d'entre eux se décidèrent à abandonner la chasse pour les continuer. Quelques flibustiers, débarqués après des courses heureuses, se laissèrent également séduire par la fertilité de l'île, qui, entre autres productions, fournissait un tabac égal à celui de Vérine ;

1. On ne sait si le nom de flibustier vient de *flibot*, petit navire dont se servaient le plus souvent les *frères* de la côte de Saint-Domingue, ou du mot anglais *freebooter*, qui signifie écumeur de mer.

ils consacrèrent les gains qu'ils avaient réalisés à former des habitations, et ce qui n'avait dû être d'abord qu'une retraite de chasseurs et de pirates devint un véritable établissement.

Ainsi toutes les attaques des Espagnols tournaient, en définitive, contre eux-mêmes, et chacun de leurs efforts pour se débarrasser du voisinage des Français rendait ce voisinage plus prochain, plus dangereux. Les colons inoffensifs, chassés de Saint-Christophe, étaient devenus boucaniers d'*His-paniola;* les boucaniers poursuivis s'étaient transformés en flibustiers, et ceux-ci, enrichis par les dépouilles des galions, venaient fonder une colonie au centre même des possessions espagnoles.

VI

Or, ceci se passait dans le temps même où M. de
Poincy gouvernait les îles françaises avec une autorité despotique, et cherchait tous les moyens d'a-
grandir son espèce de *royaume*. A peine eut-il appris ce qui se passait à la Tortue, qu'il y expédia
un officier huguenot, nommé Levasseur, pour prendre possession de l'île et la gouverner en son nom.
Les nouveaux habitants, qui manquaient de chef,
le reçurent d'autant plus volontiers que c'était un
homme brave et qui savait la guerre; tous lui prêtèrent serment d'obéissance.

Levasseur commença par prendre connaissance
de son gouvernement. Il trouva que l'île, située au
nord de celle d'*Hispaniola*, dont elle était séparée
par un large canal, avait environ six lieues de l'est
à l'ouest, et seulement deux lieues de largeur. Une
montagne couverte d'acajous, de bois d'Inde, de
courbarils, la traversait dans toute sa longueur et
rendait la partie septentrionale presque inaccessible; mais, au côté opposé, en face d'Hispaniola,
elle s'abaissait insensiblement et présentait un terrain de cinq à six lieues carrées, excellent pour les
plantations. Du même côté s'ouvrait une baie appelée le havre de la Tortue, au fond de laquelle un
bourg commençait à se bâtir [1].

Levasseur pensa que ce point était le plus important à défendre. Il choisit une hauteur placée à
quelques pas de la mer, et y fit tailler des terrasses
garnies de canons et aboutissant à une petite plate-
forme, au milieu de laquelle se dressait un rocher
élevé de trente pieds. Ce fut sur ce rocher qu'il

1. Labbat, vol. V, p. 76.

construisit son habitation. Pour y arriver, on montait un escalier taillé dans la pierre, qui s'interrompait tout à coup à moitié de la route, n'ayant pour continuation qu'une échelle de fer que l'on pouvait retirer d'en haut lorsqu'on le voulait. Une sorte de puits, creusé au centre du rocher, réunissait, de plus, l'habitation du gouverneur à la plate-forme, et permettait d'aller de l'une à l'autre sans être aperçu du dehors [1].

1. P. Dutertre, vol. I, p. 171.

VII

Levasseur s'établit dans cette aire d'oiseau de
proie avec ses deux neveux. Là, toujours l'œil sur
la mer, il guettait à l'horizon l'arrivée des navires
flibustiers qui revenaient des passes du vent chargés de dépouilles dont il trouvait toujours moyen
de s'approprier la meilleure part; et malheur à qui
eût voulu refuser cette dîme, car le gouverneur huguenot ne pardonnait jamais. Il attendait avec patience, et, l'occasion venue, frappait en rappelant,
comme Clovis, le vase de Soissons. La loi, l'intérêt
du roi, la religion, lui servaient tour à tour de pré-

texte pour ses vengeances. Il avait fait creuser sous sa maison un cachot qu'il appelait ironiquement le *purgatoire*, et où il enfermait les coupables auxquels il permettait de se racheter; quant à ceux que son ressentiment avait condamnés sans retour, ils étaient livrés aux supplices de *l'enfer* : c'était le nom donné à une grue dans laquelle on liait le patient de manière à ce que le moindre mouvement pût tordre ses membres ou les briser.

On dénonça ses cruautés au gouverneur de Saint-Christophe; mais ce que l'on accusait Levasseur de faire à la Tortue, l'ancien commandeur le faisait dans son propre gouvernement, et il eût sans doute fermé l'oreille aux plaintes des persécutés, si une injure personnelle ne l'eût tout à coup associé à la commune indignation.

M. de Poincy, qui entendait parler sans cesse des captures faites par les aventuriers de la Tortue, apprit qu'ils s'étaient emparés d'un *caiche* espagnol dans lequel se trouvait une statue de la Vierge en argent. Désirant en orner sa chapelle, il écrivit à Levasseur pour la demander, lui faisant observer qu'un tel objet était inutile à un réformé; mais celui-ci répondit que « les réformés avaient une grande adoration pour les vierges d'argent, et que, les catholiques étant trop spirituels pour tenir à la matière, il lui envoyait, à la place de la statue demandée, une madone de bois peint [1]. »

1. P. Dutertre, vol. I, p. 174.

VIII

M. de Poincy, blessé au vif par cette moquerie, se rappela subitement les plaintes nombreuses portées contre son lieutenant, et fit aussitôt préparer secrètement une expédition pour le chasser de son île. Elle fut confiée au chevalier de Fontenay, qui s'attendait à éprouver une vigoureuse résistance; mais, en arrivant au havre de la Tortue, il apprit que Levasseur venait d'être assassiné par ses deux neveux, et prit possession de l'île sans aucun empêchement. Il n'y demeura pas longtemps, car les Espagnols vinrent l'y attaquer et le forcèrent à capituler après une brillante défense. Il sortit de la citadelle avec tous ses soldats, « enseignes déployées, balles en bouche, le tambour battant [1], » et fit voile pour les Antilles françaises. Les femmes furent embarquées dans le navire commandé par les neveux de Levasseur; mais ces bandits, qui voulaient courir le *bon bord*, s'en débarrassèrent en les déposant sur la première île qu'ils trouvèrent en chemin. Elles y rencontrèrent des chasseurs espagnols qui, après les avoir dépouillées de leurs vêtements et leur avoir fait violence, les abandonnèrent [2]. Le récit laissé par l'une d'elles renferme à ce sujet un épisode touchant :

« Une de nos compagnes, dit-elle, trouvant, dans l'état où elle avait été réduite, la lumière du jour plus affreuse que la mort, s'alla enterrer toute vive dans le sable, et couvrit son visage de ses cheveux épars, comme d'un linceul. Malgré le désespoir où

---

1. P. Dutertre, p. 184.

2. Elles furent recueillies un peu plus tard par un navire hollandais.

2.

nous nous trouvions nous-mêmes, nous essayâmes
de la consoler, mais elle répliqua seulement :

— Priez Dieu pour que ma mort soit prompte.

» Après quoi, elle garda un triste silence, ne répondit plus que par ses larmes, et expira au milieu
de nous. »

IX

Cependant les boucaniers de la grande terre tenaient trop à l'île de la Tortue pour la laisser longtemps aux mains de leurs ennemis; ils se réunirent sous les ordres d'un gentilhomme du Périgord nommé Du Rossey, attaquèrent la garnison espagnole, et se rendirent maîtres du fort. Du Rossey obtint peu après une commission de gouverneur, et se rendit à Paris où venait de se former la nouvelle *compagnie des Indes Occidentales* (1664). Mais il blâma si hautement les priviléges accordés à celle-ci, que les nouveaux seigneurs crurent devoir le faire remplacer. Il voulait aussitôt partir pour s'opposer à la réception de son successeur ; un ordre du roi le fit conduire à la Bastille, où il resta jusqu'à ce que l'on eût appris l'arrivée du gouverneur et des commis envoyés à la Tortue.

Ce nouveau gouverneur était M. Dogeron, homme infatigable, mais malheureux, dont la vie entière avait été employée à bâtir des édifices de fortune toujours renversés avant d'arriver au faîte. Il était né en Poitou et avait servi comme capitaine dans le régiment de la marine. C'était une imagination toujours en mouvement, un cœur ouvert comme le ciel, un esprit plein de ressources et pour ainsi dire indomptable. Mais, je ne sais par quelle fatalité, rien ne lui avait jusqu'alors réussi. Ses vertus même tournaient contre lui comme auraient pu le faire des vices. Son courage avait toujours le résultat de la témérité, sa confiance le résultat de l'imprudence ; on eût dit que, pour lui, la persévérance n'était que l'obstination à échouer et à souffrir. Engagé dans ce malheureux projet d'établissement sur la rivière d'Oüanatigo, dans l'Amé-

rique du Sud, il arriva à la Martinique avec un navire et des engagés (1657), et y apprit que la colonie
à laquelle il voulait se rendre n'existait déjà plus.
Il se dirigea en conséquence vers Hispaniola, fit
naufrage en y abordant, et resta plusieurs. mois
parmi les boucaniers, vivant comme eux de sa
chasse, mais honoré et obéi. De retour à la Martinique, où un navire devait lui être envoyé. avec
des vivres, des armes et des engagés, il trouva tout
dissipé par le consignataire. Il revint donc en France
pour y acheter des marchandises qu'il transporta
à la Jamaïque et confia à un négociant anglais;
mais, après les avoir vendues, celui-ci garda le prix
et fit chasser Dogeron de l'île pour échapper à ses
réclamations.

Cette dernière perte l'avait ruiné; il repartit pour
le Poitou, réunit ses parents et sollicita un prêt qui
lui permît de réparer tant d'échecs; tous refusèrent
durement. On reprocha à l'ancien capitaine ses malheurs comme des fautes; on lui conseilla de renoncer à toute entreprise, de se retirer à la campagne;
à cette condition, quelques-uns des plus généreux

lui promettaient une pension alimentaire. Dogeron indigné allait repartir sans argent, lorsqu'il reçut une lettre de sa sœur, madame Dutertre Pringuel, qui n'avait pu se rendre à la réunion : c'était une procuration qui mettait à sa disposition tout ce qu'elle possédait.

Dogeron, touché et ravi, prit vingt mille livres, se rendit à Paris, où il obtint le gouvernement de la Tortue, et s'embarqua sur-le-champ.

Ceci avait lieu en 1665.

X

Le nouveau gouverneur trouva la colonie en voie de progrès. L'île de la Tortue était partagée en sept quartiers plus ou moins habités, et les Français avaient en outre des établissements sur la grande terre, au port de Paix, au Petit-Goave, à Nippes, à Leogane.

Les colons se partageaient en trois classes : les habitants, les chasseurs et les flibustiers.

On appelait habitants ceux qui cultivaient la terre de leurs propres mains, ou par le moyen de nègres et d'engagés. Ceux-là avaient une demeure fixe, une famille, et formaient pour ainsi dire les racines de la colonie.

Les chasseurs ou boucaniers, au contraire, n'avaient que des cabanes temporaires où ils se réunissaient le soir. C'étaient des hommes grossiers, mais braves et endurcis. Tous étaient vêtus d'une chemise, d'un haut-de-chausse et d'une casaque de chanvre, coiffés d'une casquette de feutre à visière, et chaussés d'une sorte de brodequin fabriqué avec le jarret des sangliers ou des taureaux sauvages [1]. Ils portaient en bandoulière une petite tente de toile fine qui les préservait des moustiques lorsqu'ils étaient obligés de dormir dans les bois; une calebasse pleine de poudre de Cherbourg, et quelques couteaux flamands dans leurs gaînes. Leur seule arme était un fusil boucanier de Brachie ou

---

1. « Dès qu'on a écorché un bœuf ou un porc, on enfonce le pied dans la peau qui couvrait la jambe, le gros orteil se place dans le lieu qu'occupait le genou ; on serre le bout avec un nerf et on le coupe. On fait monter le reste au-dessus de la cheville et on l'attache également avec un nerf. » LABBAT, vol. V, p. 230.

de Gelin [1], ayant quatre pieds et demi de canon,
portant une balle d'une once et se chargeant sans
bourrer; les plus élégants joignaient à ce costume
quelques reliques de verre et une poche de grand-
gosier brodée de soie pour mettre leur tabac. Associés deux à deux, et le plus souvent suivis d'engagés, ils se répandaient chaque matin dans les savanes avec une trentaine de chiens qui servaient à éven-
ter le taureau sauvage et à le conduire sous leurs
coups; l'animal abattu était aussitôt achevé, le
chasseur buvait une partie de sa moelle encore
chaude et vivante, puis l'écorchait et remettait la
peau à un des engagés qui regagnait le lieu du
rendez-vous. La chasse continuait ainsi jusqu'à ce
que chacun eût rapporté son fardeau à la cabane,
où le repas avait lieu en commun.

La nourriture ordinaire des boucaniers était les
mamelles des vaches sauvages mangées à la pimen-
tade, et quelquefois, comme régal, un ragoût de
langues de flammants.

1. Le premier de Dieppe, le second de Nantes. — OEXMELIN,
vol. I, p. 153.

Lorsqu'ils avaient réuni un nombre suffisant de charges, ils les portaient aux havres où se trouvaient des navires, et recevaient six pièces de huit par *bannette* [1]. Ils obligeaient habituellement leurs engagés à faire ce transport le dimanche, prétendant que si Dieu eût pensé aux boucaniers, il n'eût pas dit : « Tu travailleras six jours et tu te reposeras le septième; » mais bien : « Tu tueras des taureaux pendant six jours, et le septième tu porteras leurs peaux aux navires. »

Les chasseurs de sangliers vendaient, au lieu de cuirs, de la *mantegue* en pots et du lard boucané qu'ils emballaient dans des feuilles, par paquets de soixante livres. Chacun de ces ballots se payait également six pièces de huit.

Lorsque les boucaniers ne chassaient pas, ils s'occupaient à examiner les pistes, ce qu'ils appelaient *chercher des avenues*, à abattre des oranges, en faisant en sorte que la balle coupât seulement la queue des fruits, ou à apprendre le métier à leurs engagés.

---

1. La *bannette* contient une peau de bœuf et deux de vaches.

Ceux-ci étaient le plus souvent des malheureux poursuivis en France pour quelque délit, ou dépourvus de profession et de ressources, qui se faisaient transporter à Saint-Domingue par un capitaine, à la condition qu'il s'indemniserait des dépenses du passage en les vendant pour trois ans à un chasseur de sangliers ou de taureaux. Au bout de ce temps, l'engagé, redevenu libre, recevait de son maître un fusil, de la poudre, du plomb, un habillement complet de boucanier, et pouvait à son tour chasser pour son propre compte.

Cette vie était rude, sans doute, mais elle avait deux attraits irrésistibles : l'exercice journalier du courage et la liberté absolue. Exposé à tous les hasards d'une chasse périlleuse, poursuivi par les *cinquantaines* dont il ne pouvait attendre aucun quartier, ayant à subir tour à tour la fatigue, la soif, la faim, l'insomnie; obligé enfin de faire un continuel appel à son énergie, le boucanier vivait double : tout avait pour lui un intérêt, tout devenait occasion d'exercer sa fermeté ou son intelligence. Chaque jour lui fournissait vingt moyens de s'a-

guerrir, de s'apprécier, d'arriver enfin à cette fière
confiance qui fait que l'on peut se reposer de soi
sur soi-même.

Puis il était libre, le temps et l'espace lui appartenaient; pour lui point de juges, point de prêtres;
il était maître de son corps et de son âme. Si un
de ses pareils l'insultait, il l'appelait en duel, se
vengeait sur l'heure, et allait dire aux autres chasseurs :

— J'ai tué un de nos frères.

Tous venaient alors avec un chirurgien, qui exa-
minait la plaie. Lorsque le mort avait été frappé
loyalement, ils l'enterraient dans la savane, et tout
était dit : mais s'il y avait eu trahison, ils attachaient
le survivant à un arbre, et chacun lui envoyait une
balle dans le cœur.

La troisième classe de colons se composait de
flibustiers, toujours en guerre avec les Espagnols,
dont ils prenaient les navires, pillaient et rava-
geaient les habitations. Les flibustiers commen-
çaient habituellement par s'associer, au nombre de
quinze ou vingt, armés chacun d'un fusil boucanier,

d'un coutelas et de deux pistolets. Ils s'embar-
quaient dans une pirogue faite d'un tronc d'arbre,
se mettaient en mer sans vivres, sans boussole,
sans voile, et attaquaient le premier navire espagnol qu'ils rencontraient. Si le vaisseau était pris,
ils le conduisaient à la Tortue, s'associaient de
nouveaux compagnons, et faisaient une *chasse-
partie*; c'était le nom donné au contrat passé entre
les flibustiers. Les conditions étaient à peu près
invariables. Après avoir prélevé le dixième de la
prise au profit du gouverneur, on partageait le
reste également entre tous; le capitaine avait seulement droit à un présent qui équivalait généralement à trois ou quatre lots. Les blessés recevaient
aussi des indemnités fixées d'avance : six cents écus
pour chaque membre perdu, moitié moins pour le
pouce, l'index ou l'œil[1]. On n'avait droit de désarmer qu'après avoir gagné de quoi faire honneur
à ces engagements; c'était le prix du sang, et rien
ne pouvait exempter de le payer. Celui qui avait

1. Labbat, vol. I, p. 218.

découvert la prise, enlevé un drapeau sur un fort ennemi, arrêté un officier au péril de sa vie, recevait un demi-lot à titre de récompense [1]. Quant à la part des morts, elle appartenait à leurs *matelots* [2].

Lorsque la *chasse-partie* était faite et le but de la course arrêté, les flibustiers allaient aborder quelque colonie espagnole pour avoir des vivres, prenaient un fort pour se fournir de munitions, attaquaient une ville pour y trouver un guide, puis se dirigeaient enfin vers le lieu convenu.

Les côtes qu'ils fréquentaient de préférence étaient celles de *Caraco*, de *Carthagène*, de *Nicarague* et de *la Havane*. Outre les navires arrivant d'Espagne avec des cargaisons de dentelles ou de soieries, et ceux qui y retournaient chargés d'argent, de cuir, de cacao et de tabac, ils trouvaient là de riches

1. Oexmelin, vol. II, p. 118.

2. Les flibustiers s'associaient deux à deux, et cette association s'appelait *matelottage* : on héritait toujours de son *matelot*; mais aussi on devait tout partager avec lui, le soigner, le secourir, etc.

plantations dont ils enlevaient les esclaves, des
bourgs ou même des villes opulentes qu'ils pillaient
et mettaient à rançon. Le butin réuni, chacun jurait
sur le Nouveau-Testament qu'il n'avait rien retenu
au-dessus de la valeur de cinq sous, le partage
avait lieu, et l'on regagnait la Tortue ou la Jamaïque,
pour tout dissiper en quelques jours.

XI

Telles étaient les trois classes formant la colonie dont M. Dogeron venait prendre le commandement, ou plutôt les trois formes sous lesquelles se présentait la population, car le même colon devenait tour à tour boucanier, flibustier et habitant, suivant le caprice ou l'occasion.

Malheureusement, ces courses continuelles laissaient le plus souvent la colonie sans défense et exposée aux représailles des Espagnols. M. Dogeron s'efforça de parer à ce danger en faisant venir du Poitou et de la Bretagne de pauvres familles auxquelles il distribua des *étages*. Il encouragea les défrichements en achetant des engagés pour ceux qui les entreprenaient, en leur faisant des avances et facilitant la vente de leurs produits. Enfin, ayant appris qu'un juif, nommé Benjamin Dacosta, avait établi des cacaoyères à la Martinique, il l'imita à Saint-Domingue, où l'introduction de cette nouvelle industrie multiplia considérablement les plantations. Dans le principe, en effet, les engagés qui recouvraient leur liberté pouvaient prendre un étage et le semer de tabac, dont la culture ne demandait aucuns frais; mais depuis que l'on avait substitué à cette marchandise la canne à sucre et l'indigo, les colons, qui n'avaient ni argent, ni machines, ni esclaves, se trouvaient dans l'impossibilité d'entreprendre une habitation. La culture des cacaoyers modifia cet état de choses.

M. Dogeron était, d'ailleurs, pour tous les habitants, comme une seconde Providence. Il connaissait les plus pauvres par leurs noms, savait leurs projets, leurs désirs; s'associait à leurs joies ou à leurs misères. Il avait donné ordre à ses correspondants de faire passer à crédit dans ses navires tous les colons qui se trouveraient en France sans argent [1]; aussi les plus grossiers ne parlaient-ils de lui, dans la colonie, qu'en portant la main au chapeau et en adoucissant leur voix.

Malheureusement, la compagnie des Indes Occidentales usait de son privilége exclusif de commerce avec cette rapacité aveugle et sourde qui est la conséquence forcée de tout monopole. Un baril de lard, que les Hollandais donnaient pour deux cents livres de tabac, était vendu par elle sept cent cinquante livres; encore en laissait-elle manquer le plus souvent. Les cuirs se perdaient dans les magasins faute de navires pour les transporter en France; une armée de commis entravait tous les échanges, s'entremettait dans toutes les conventions. Les habitants, accoutumés à une indépendance sans limites, se révoltèrent, et il fallut toute l'autorité de M. Dogeron pour les faire rentrer dans le devoir. Enfin, sur ses représentations, en 1666, la compa-

[1] P. Dutertre, vol. III, p. 144.

gnie laissa le commerce libre moyennant un droit
de cinq pour cent, prélevé à son profit sur toutes
les marchandises [1].

1. Labbat, vol. V, p. 86.

XII

La réputation des flibustiers était alors à son apo-
gée; mais leurs expéditions avaient changé de caractère.

On n'était plus au temps où Pierre-le-Grand de
Dieppe prenait, avec une barque, le vice-amiral des
galions, et retournait en France riche pour toujours; les Espagnols, instruits par l'expérience, se
laissaient rarement surprendre en mer. Il fallut donc
entreprendre des descentes. Louis Scott fut le premier qui le tenta et qui se rendit maître de Campêche. Après lui, le Hollandais David remonta dans

le lac de Nicarague, fit quarante lieues à travers les
bois avec quatre-vingts flibustiers seulement, attaqua Grenade, défendue par huit cents hommes, et
en rapporta un butin de 40,000 écus. Morgan prit
également le Port-au-Prince, Maracaïbo, Gibraltar,
Panama. La terreur répandue par les flibustiers
était telle, que les femmes espagnoles se les figu-
raient noirs, armés de griffes comme les démons,
et s'évanouissaient à leur seul nom [1]. Les villages
qu'ils avaient pris étaient excommuniés par les pré-
lats, et les habitants les fuyaient sans même enterrer les morts. On plaçait à l'embouchure des rivières, au sommet des montagnes et sur le haut de
chaque maison, des vigies chargées d'annoncer leur
approche. N'osant les combattre, on envoyait contre eux des buffles sauvages [2], on incendiait les savanes et les bois pour les enfermer dans un cercle de
feu [3] ; mais rien ne pouvait arrêter les *frères de la*

1. *Journal du Voyage fait à la Mer du Sud,* par Raveneau
de Lussan.

2. Oëxmelin, vol. II, p. 175.

3. Raveneau de Lussan, p. 215.

côte. Les Français, principalement, avaient une réputation qu'ils devaient sans doute au rude apprentissage que tous faisaient comme boucaniers. On les disait plus prompts, plus résolus, et surtout meilleurs tireurs. Aussi était-ce à la Tortue que se préparaient les grandes expéditions et que se réunissaient tous les aventuriers qui avaient dissipé leurs parts de prise. On les voyait arriver pieds nus, sans autre vêtement qu'une chemise bleue et un caleçon de toile, mais gravement coiffés d'un élégant chapeau à plumes ou d'une perruque, et portant au cou un grand ruban d'or et de soie pour parodier les gentilshommes [1].

Là venaient aussi les capitaines les plus renommés. C'étaient Roc de Groningue, homme à face de lion, pêcheur, pilote et chasseur également habile, sachant manier toutes les armes, parler toutes les langues, et marchant toujours un sabre nu sous le bras; Barthélemy, récemment échappé aux Espagnols par un miracle d'audace; Moïse Vauclin, le

[1]. Labbat, vol. VI, p. 371.

Picard, Alexandre Bras-de-Fer, Michel le Basque,
qui supprimaient leurs canons parce *qu'ils man-
geaient trop de poudre*, et prenaient des vaisseaux
à coups de fusil. C'étaient surtout l'Olonnois et
Montbars, hommes étranges, dont l'imagination
populaire s'empara, même pendant leur vie, et
qui semblèrent résumer, l'un tout le côté épique,
l'autre tout le côté brutal de cette terrible croisade
contre les Espagnols.

L'Olonnois, dont le véritable nom ne nous est même point resté, était né aux Sables d'Olonne en Poitou. Il passa en Amérique comme engagé, devint plus tard chasseur de taureaux, et enfin flibustier. Ses premières expéditions furent malheureuses. Il fit naufrage une première fois, puis une seconde sur la côte de Carthagène, où tous ses compagnons furent massacrés par les habitants. Il se laissa tomber au milieu des cadavres, afin qu'on le crût mort, se releva à la nuit, prit les habits d'un Espagnol qui avait été tué

dans le combat, et, s'approchant des habitations,
débaucha quelques esclaves, avec lesquels il s'en-
fuit à la Tortue; il en repartit bientôt dans une
pirogue à la tête de vingt flibustiers, et alla
croiser devant La Havane. Le gouverneur de cette
île, averti, envoya pour les prendre une armadille
de dix pièces de canon montée par quatre-vingts
marins d'élite; mais les flibustiers s'emparèrent
de l'armadille après un combat de huit heures.
Ils trouvèrent à bord le bourreau de la Havane,
que l'on avait fait embarquer avec ordre de les
pendre tous. L'Olonnois fit aussitôt ouvrir les
écoutilles, commanda aux Espagnols, qui s'étaient
réfugiés à fond de cale, de monter un à un, et
leur abattit lui-même la tête, n'épargnant que le
dernier, qu'il renvoya à La Havane avec une lettre
qui contenait ces seuls mots :

« GOUVERNEUR,

» J'ai fait de tes soldats ce que tu voulais faire de
nous.

» L'OLONNOIS. »

Il revint ensuite à la Tortue, où il annonça une expédition qui devait enrichir tous ceux qui en feraient partie. Michel le Basque et Moïse Vauclin s'offrirent aussitôt. L'Olonnois réunit sept navires montés par quatre cent quarante hommes, et fit voile pour Maracaïbo.

Cette ville passait pour une des plus opulentes du continent; on vantait ses maisons à balcons dorés et à rideaux de soie, bâties sur le bord même du lac, son église et ses quatre couvents renfermant des châsses de saints ornées de pierreries. Tout autour s'étendaient des forêts de cèdres gigantesques dont les Espagnols faisaient des pirogues aussi grandes que des navires [1]. Elle était commandée par Merida, qui s'était rendu fameux dans les guerres de Flandre.

L'Olonnois commença par prendre le fort qui gardait la passe du lac de Maracaïbo, et arriva à la ville presque sans obstacle, mais les Espagnols

1. Il y en avait qui portaient trente tonneaux. OÉXMELIN, vol. I, p. 274.

en étaient déjà partis avec ce qu'ils avaient
de plus précieux. Il les poursuivit jusqu'à Gibraltar, où il trouva Merida retranché, avec six
cents hommes, derrière des gabions entourés de
marécages inaccessibles. Les flibustiers coupèrent
des branches d'arbres, et en firent une sorte de
digue sur laquelle ils s'avancèrent six de front.
Les cent premiers tombèrent, mais le reste arriva
aux retranchements, qui furent forcés. Merida y
périt avec quatre cents des siens et tous ses
officiers.

Maître de Gibraltar, l'Olonnois organisa le pillage selon les règles en usage parmi les flibustiers;
il envoya des détachements dans toutes les direc-
tions pour saisir les esclaves, ramener les maîtres
fugitifs et donner la question à ceux que l'on
soupçonnait d'avoir caché leurs richesses. Les
femmes et les couvents payèrent rançon. Enfin,
ayant exigé une imposition forcée et cinquante
vaches pour le ravitaillement de sa flotte, il rega-
gna le port du Petit-Goave avec un butin de cinq
cent mille écus.

Il apportait de plus l'église de Maracaïbo, que les flibustiers avaient démolie et embarquée pièce à pièce pour en orner l'île de la Tortue.

L'Olonnois fit plusieurs autres expéditions avec des chances diverses, mais enfin un malheureux hasard le fit tomber entre les mains des sauvages de la côte de Carthagène (appelés par les Espagnols *Indios Bravos*), qui le rôtirent et le mangèrent.

XIV

Montbars, lui, était Languedocien et gentilhomme. Ses premières lectures lui firent connaître
les cruautés commises dans le Nouveau-Monde,
et lui inspirèrent une telle haine contre les Espagnols, qu'il s'échappa à quinze ans de chez son
père, pour aller les combattre et venger les Indiens.
Il s'embarqua au Havre-de-Grâce, sur un navire
commandé par son oncle, rencontra une armadille
en vue de Saint-Domingue, et la prit à l'abordage.
Le soir même, des boucaniers apportèrent au
navire français du lard fumé, s'excusant de n'en

pouvoir donner davantage, parce que la cin-
quantaine ravageait les savanes et brûlait leurs
boucans.

— Pourquoi le souffrez-vous? demanda brusque-
ment Montbars.

— Nous sommes dispersés, répondirent les boucaniers.

— Réunissez-vous et exterminez ces maudits,
s'écria le jeune gentilhomme; je vous comman-
derai.

Les chasseurs y consentirent, et Montbars les
suivit à terre, où ils envoyèrent prévenir tous leurs
frères. A peine était-ils rassemblés, qu'ils virent
arriver une troupe d'Indiens, puis les cavaliers
espagnols armés de lances et agitant leurs étendards de soie. Le combat s'engagea aussitôt. Montbars s'était élancé le premier sur un officier qui
se tenait à l'écart, et l'ayant tué, il monta sur
son cheval, prit la bride aux dents, et revint
se jeter, le sabre nu, au milieu de la mêlée. Deux
fois il traversa les escadrons espagnols, abattant
tout ce qui se trouvait devant lui. Ses compagnons,

émerveillés, poussaient des cris d'admiration ;
et comme les Indiens continuaient à tirer sur
lui :

— Misérables esclaves, s'écria un boucanier
en leur montrant Montbars, ne voyez-vous donc
point qu'il vous venge ? Ce sont vos maîtres qu'il
faut frapper, et non votre libérateur.

Les Indiens, étonnés, s'arrêtèrent, parurent un
instant indécis, puis, poussant un grand cri, vinrent se mêler aux boucaniers, et tournèrent leurs
flèches contre les Espagnols.

Le combat devint alors un massacre. Entouré
par ceux dont il s'était déclaré le vengeur, fou
d'audace et de haine, Montbars courait à travers les
ennemis dispersés, comme un lion à travers une
meute. Terrifiés par ces regards qui « semblaient
briller sous deux voûtes sombres [1], » les Espagnols fuyaient sans se défendre ; et chaque fois que
Montbars en fendait un de son sabre, on l'entendait
s'écrier :

1. Oëxmelin, vol. II, p. 286.

— Que n'est-ce là le dernier !

« Jamais, dit un contemporain, on ne vit un si horrible carnage ; les vivants marchaient partout sur les morts, et les morts faisaient partout trébucher les vivants ; en un mot, la déroute fut si grande, que les chevaux ne parurent vites et les hommes adroits que pour fuir devant le vainqueur [1]. »

Montbars allait profiter de cette victoire pour marcher vers les habitations espagnoles, lorsque le canon du vaisseau lui donna le signal du retour. Il voulut alors prendre congé des boucaniers et des Indiens ; mais ils s'écrièrent tous qu'ils étaient à lui désormais, et, le suivant à bord de l'armadille capturée, ils mirent à la voile avec lui.

Les deux navires français ne tardèrent pas à rencontrer quatre vaisseaux espagnols dont le moindre leur était supérieur. Ils en coulèrent trois, après un combat terrible, dans lequel périt l'oncle de Montbars, et prirent le quatrième, qui leur servit à con-

1. Oëxmelin, p. 296.

tinuer leurs courses dans les mers des Antilles. Montbars y captura un grand nombre de navires, et fit sur les côtes de La Havane et du continent des descentes qui lui valurent le surnom d'*extermina-teur!* Il ne s'attaquait pourtant qu'aux hommes armés, mais sans se préoccuper du butin. Suivi de sa troupe d'Indiens, auxquels il répétait sans cesse de venger leur race, il attaquait partout les Espagnols sans les compter et avec un emportement de courage qui touchait au délire. Jamais, dans ces mille rencontres qui semblent les récits variés d'un même combat, nous ne le voyons se démentir un instant. C'est toujours la même témérité ardente et implacable, toujours le même homme qui crie à l'ennemi :

— Défends-toi, que je puisse te tuer [1].

Et cependant cette monomanie farouche a quelque chose d'héroïque impossible à méconnaître; là du moins il y a une conviction; on ne trouve ni cruauté calculée, ni basse avarice; le meurtre n'est point un auxiliaire du vol; on tue pour une idée,

1. Oëxmelin, *loco citato.*

non pour de l'or. Aussi, l'Olonnois n'est-il que le
Mandrin de l'Amérique, tandis que Montbars en est
le Marko ; c'est, sous une autre forme et avec d'autres temps, le héros servien attaquant indifférem-
ment la Wila de la forêt, l'Albanais *mussa*, ou les
trois mille cavaliers du feld-maréchal Wutscha, et
« qui, toutes les fois qu'il frappait avec son sabre,
d'un corps en faisait deux[1]. »

1. *Chants Serviens*, vol. II, p. 102.

XV

Tels étaient les hommes auxquels commandait le gouverneur de la Tortue, et dont il pouvait, au besoin, réclamer l'assistance. Avec eux la conquête de l'Amérique entière était non-seulement possible, mais facile; il eût suffi de la vouloir. Aussi, lorsque la guerre éclata contre les Anglais, M. Dogeron proposa-t-il de s'emparer de la Jamaïque, ne demandant pour cela que de la poudre et du plomb. On ne prit point garde à sa demande; il engagea alors à former dans la Floride un établissement qui pût fournir les bois de construction et les grains dont

on manquait dans sa colonie, offrir un refuge assuré en cas de disgrâce et mettre une digue à la
puissance anglaise, déjà excessive dans ces quartiers. Il ne demandait pour cela « que ce qui pro-
viendrait de la Tortue après qu'on l'aurait mise en
état de défense [1]. » Mais la compagnie des Indes
Occidentales, instituée pour ainsi dire, malgré elle,
par l'influence de Colbert, indifférente à ceux-là
mêmes qui la formaient et sans confiance dans sa
propre durée, tendait bien moins à consolider ses
établissements ou à les étendre qu'à retirer les ca-
pitaux qui s'y trouvaient engagés. Uniquement occupée d'exploiter ses priviléges, elle avait obtenu
du roi une flotte, non pour défendre les colonies,
mais pour y maintenir son commerce exclusif. M. de
Baas, qui la commandait, refusa même de porter
secours à M. Dogeron, dont le gouvernement était
menacé, parce qu'il eût été forcé d'interrompre le
service de douanes qu'on lui avait confié; il fallut
en référer au roi et attendre la réponse de Versailles.

1. Mémoire adressé à Colbert; voyez Charlevoix, vol. II, p. 83.

Cependant le même lieutenant-général eut recours au gouverneur de la Tortue lors de son expédition contre la colonie hollandaise de Curaçao. M. Dogeron s'embarqua avec trois cents hommes sur le navire de M. Bodard; mais ils firent naufrage au nord de Porto-Rico, et, bien que l'on fût en paix avec les Espagnols, ceux-ci les désarmèrent, les firent garder à vue et leur refusèrent tout secours. M. Dogeron, qui prévoyait quelque perfidie, proposa au capitaine Bodard de fuir en s'emparant des barques échouées sur le rivage. Bodard objecta que tout le monde ne pourrait y tenir.

— Je resterai avec les boucaniers, répliqua le gouverneur de la Tortue.

— Mais qui prendra la responsabilité de cet acte d'hostilité?

— Moi.

— Le capitaine hésita quelques instants, et finit par refuser, en ajoutant que les Espagnols ne pouvaient songer à violer le droit des gens à l'égard des naufragés.

— Le frère du prince Robert en disait autant

4.

lorsqu'il aborda ici il y a vingt-trois ans, répondit Dogeron, et il fut empoisonné avec tous les siens ; restez, puisque vous avez confiance ; moi, je pars.

Il réussit en effet à dérober une pirogue, trois de ses hommes s'y embarquèrent avec lui sans eau, sans vivres, sans boussole, et, se servant des bancs pour rames et de leurs chemises pour voiles, ils arrivèrent à la Tortue, où le bruit de leur mort s'était si bien accrédité, que M. de Baas, sans plus ample information, avait nommé un nouveau gouverneur.

En apprenant que trois cents Français étaient prisonniers des Espagnols, il se décida pourtant à les leur réclamer ; mais ceux-ci demandèrent une rançon de trois mille pièces de huit. Pendant que le lieutenant-général débattait ce prix et marchandait la vie de nos gens, on sut que la plupart mouraient de faim ou de maladie. M. Dogeron, indigné, demanda des navires pour aller les reprendre de force ; M. de Baas les refusa. Il réunit alors des chaloupes et s'embarqua avec une troupe de boucaniers ; mais les vents le retardèrent, la tempête brisa

une partie de ses chaloupes; enfin, quand il arriva à Porto-Rico, les prisonniers venaient d'être
égorgés!

XVI

On apprit peu de temps après que l'Espagne avait
pris parti pour la Hollande contre la France, et que
la guerre était déclarée.

M. Dogeron pensa que l'occasion ne pouvait être
meilleure pour s'emparer de Saint-Domingue. On y
comptait encore quatorze mille Espagnols, tant
métis que mulâtres, mais si lâches, si amollis, que
douze cents nègres marrons qui s'étaient réfugiés
sur une montagne, à sept lieues de la capitale, les
tenaient dans leur dépendance et leur faisaient
payer un tribut. Les Français occupaient d'ailleurs

les ports principaux, Leogane, le Petit-Goâve, le
Cul-de-Sac, la Tortue, le cap Tiburon, et la presqu'île
de Samana, de sorte qu'ils tenaient la colonie espagnole comme bloquée et pouvaient lui enlever toute
communication avec l'Europe. Il ne restait, en réalité, qu'à s'emparer de la capitale, Saint-Domingo,
pour être maître de l'île entière. M. Dogeron se
rendit à Paris afin de proposer cette conquête,
mais la compagnie des Indes Occidentales venait
d'être supprimée, et le roi, rentré en possession de
toutes les îles de l'Amérique, les avait affermées
cent mille écus à la compagnie des fermiers du do-
maine d'occident. Le gouverneur de la Tortue s'a-
dressa donc directement aux ministres et leur com-
muniqua son plan. Il ne lui fallait qu'une escadre
qui bloquât Saint-Domingue pendant qu'il prendrait
lui-même cette ville avec ses boucaniers. Du reste,
il ne demandait ni munitions, ni vivres, ni argent;
loin de là, une fois l'île conquise, il s'engageait à y
entretenir à ses frais trois garnisons, à solder les
appointements des officiers, et à payer au roi
40,000 livres chaque année. Peut-être eût-il réussi à

faire adopter un projet aussi avantageux ; mais tant
de fatigues et de traverses l'avaient épuisé ; il mourut peu de jours après son arrivée à Paris, laissant
la réputation d'un homme brave, habile, loyal, mais
qui avait toujours manqué sa fortune faute d'un peu
d'égoïsme.

Son neveu, M. de Pouancey, lui succéda. C'était
un esprit droit et borné qui gouverna la colonie
avec cette régularité honnête que l'on appelle de la
sagesse ; il laissa l'établissement croître de lui-même
sans y aider.

XVII

Les Hollandais, qui avaient proposé de reconnaître la neutralité de Saint-Domingue pourvu qu'on leur laissât la liberté d'y commercer, continuaien, malgré la guerre, à entretenir des rapports avec nos colons. Ceux-ci aimaient leur rondeur dans les transactions, leur probité sans phrases, leur sincère loyauté. Tandis que l'Angleterre et l'Espagne avaient employé tour à tour contre nos établissements les trahisons occultes, les parjures, les violences, la Hollande seule s'était montrée pour eux amie conseantt et digne ennemie ; elle semblait leur nuire à regret et mettait à les frapper cette modération qui est le principal caractère de son génie national. Sans doute elle consultait en cela l'intérêt de son commerce enrichi par nos colonies, mais elle obéissait aussi à la répugnance de toutes les races fondatrices pour les destructions brutales et infructueuses; car parmi beaucoup d'autres titres de gloire, il en est un que le gouvernement des Provinces-Unies peut revendiquer exclusivement; c'est d'avoir su faire la guerre à toutes les époques, dans tous les pays, contre toutes les nations, sans faiblesse et sans cruauté. Incapables de lâcheté, mais rarement agresseurs, les Hollandais ont presque toujours combattu pour une cause juste, par des moyens honorables, et avec ce courage sans haine, le plus sûr et le plus difficile de tous.

La colonie de Saint-Domingue eut donc bien moins à souffrir de la guerre contre la Hollande que de celle qui lui avait été déclarée par le fisc. Là était sa véritable cause de trouble et de ruine. Aussi les séditions se multiplièrent-elles d'une manière alarmante pour la conservation même de notre établissement. Elles furent surtout excitées par la nouvelle que le commerce avec les Espagnols de l'Amérique était désormais interdit aux habitants des îles, et devenait le droit exclusif de quelques marchands malouins.

Ce commerce était, en effet, malgré les défenses du gouvernement de Madrid, un des plus lucratifs pour nos colons ; c'étaient eux qui vendaient à La Havane, à Porto-Rico et sur le continent, la toile, les dentelles, les chapeaux gris à coiffe de satin, et les bas de soie dont les Espagnols se servaient. Cette contrebande se faisait de deux manières : s'il s'agissait d'un chargement considérable, on faisait demander au gouverneur la permission d'entrer dans le port, en prétextant une voie d'eau, un mât brisé, le manque de vivres, et, moyennant un présent, il ne vous la refusait jamais. « Alors on déchargeait le navire dont la cargaison était soigneusement enfermée, les officiers posaient le sceau officiel sur la porte par laquelle on l'avait fait entrer ; mais ils avertissaient en même temps qu'il y en avait une autre par laquelle on pouvait la faire sortir, si bien que l'on remplaçait chaque nuit quelques ballots de contrebande par des marchandises espagnoles, jusqu'à ce que le négoce fût achevé. Après quoi, la voie d'eau se trouvait étanchée, le mât assuré, la cambuse garnie, et le navire remettait à la voile pour revenir à la Guadeloupe, à la Martinique ou à Saint-Domingue [1]. Pour les moindres cargaisons on abordait dans des lieux écartés, et l'on avertissait, par un coup de canon, les habitants, qui venaient de nuit en canot acheter la contrebande. La plupart arrivaient déguisés, portant leur argent caché dans des pots de *mantegue*. On les recevait près de la chambre où les marchandises étaient exposées aux yeux, mais à l'abri d'un retranchement défendu par des matelots armés, car plus d'une fois ces dangereux visiteurs, excités par la convoitise, avaient égorgé nos équipages et enlevé les navires contrebandiers.

Les paiements se faisaient ordinairement en piastres mexicaines toutes neuves, sur chacune des-

----

1. Labbat, vol. V, p. 227.

quelles on pouvait rogner dix sous d'argent sans rien changer à leur valeur monétaire, ce qui augmentait considérablement le profit [1].

On conçoit quel tort l'interdiction d'un pareil commerce dut causer aux habitants de Saint-Domingue; ajoutez que la ferme du tabac exploitait son privilége de manière à forcer les petits habitants à arracher leurs plantations, et à émigrer à la Jamaïque et à Curaçao. Enfin, pour comble de malheur, tous les cacaoyers périrent subitement. Nul ne connaissait la cause de ce désastre; mais comme les hommes préféreront toujours une absurdité à un mystère, on répéta qu'il était dû aux habitants de la Martinique qui, ne pouvant faire de bon indigo et manquant de fonds pour élever des sucreries, avaient voulu s'assurer au moins le monopole des cacaoyères en jetant un sort sur celles de Saint-Domingue. D'un autre côté, les taureaux et les sangliers, détruits par les Espagnols qui espéraient se délivrer ainsi du voisinage de nos boucaniers, et

1. Labbat, vol. V, p. 285.

par les meutes de chiens sauvages qui chassaient
pour leur propre compte, avaient presque complétement disparu dans les savanes [1]. Quant à la flibuste, elle devenait chaque jour moins fructueuse;
on avait d'ailleurs voulu soumettre les frères de la
côte à un règlement maritime en les obligeant à
prendre des commissions du gouverneur, à faire
déclaration de leurs équipages, de leurs morts, de
leurs *dégradés*; et beaucoup, pour échapper à ces en-
traves, étaient passés à la Jamaïque. La Tortue fut
donc insensiblement délaissée; tous les colons se
portèrent sur la grande terre, partagée alors en quatre quartiers : Leogane, le Petit Goave, le Cap-Fran-
çais, le Port de Paix, et la culture de l'indigo devint
leur principale industrie (1684).

1. Charlevoix, vol. II, p. 232.

XVIII

Sur ces entrefaites, des lettres écrites par le gouverneur de la Jamaïque à celui de La Havane, et qui furent trouvées dans un navire espagnol, firent savoir que les Anglais prenaient toutes les mesures pour ruiner notre établissement, dès que la guerre serait déclarée. Ils envoyèrent même devant le Port de Paix une frégate de soixante canons qui y demeura trois jours, occupée à sonder les passes et à relever les lieux propres aux débarquements. On fit demander au capitaine ce qu'il faisait là ; il répondit ironiquement qu'il se promenait. Une barque voulut le forcer à se retirer, mais il la reçut à coups de canon et tua la plupart des flibustiers qui la montaient. A cette nouvelle l'aventurier Granmont, qui se trouvait au Cap sur son corsaire, mit à la voile, atteignit la frégate, l'aborda en criant : — Point de prisonniers ! et s'en rendit maître après un combat d'une heure. Deux mousses seulement survécurent.

Ce Granmont était le même qui avait pris Maracaïbo en 1678, après s'être emparé du fort de la Barre, auquel on ne pouvait arriver que par une échelle de corde. Il avait également fait partie de l'expédition sur la Vera-Cruz, et commanda celle contre Campêche, dans laquelle seize mille Espagnols furent mis en fuite par onze cents flibustiers. Deux de ceux-ci tombèrent pourtant entre les mains du gouverneur de Merida. Granmont les envoya redemander en échange de *tous* les prisonniers qu'il avait faits, menaçant en cas de refus de brûler la ville; mais le gouverneur fit répondre par un officier que les deux flibustiers seraient pendus.

— A la bonne heure ! dit Granmont.

Et, prenant l'officier par la main, il le promena de

rue en rue, faisant mettre le feu partout, arriva
avec lui à la forteresse qu'il fit sauter sous ses yeux,
puis se retournant d'un air calme :

— Allez apprendre au gouverneur comment je
tiens mes promesses, dit-il, et avertissez-le que si
demain il ne m'a point renvoyé mes deux compagnons, je lui renverrai, moi, six cents Espagnols
étranglés.

Les deux flibustiers furent rendus.

Ce fut dans cette même expédition que Granmont
célébra la fête du roi (la Saint-Louis) par un feu
de joie de bois de campêche valant 200,000 écus.
« C'était, au dire de l'historien de Saint-Domingue,
le meilleur et le plus clair du butin (¹). »

L'année précédente (1684) avait eu lieu l'expédition des capitaines Roze, Picard, et Desmarais
vers la mer du Sud; folle campagne où s'était dé-
pensé un héroïsme sans but, et qui n'avait abouti
qu'à de stériles ravages.

Enfin la guerre, qui se préparait sourdement

---

1. Charlevoix, vol. II, p. 234

depuis longtemps, fut déclarée. Les Anglais, si imprudemment rétablis à Saint-Chistophe par le traité de Breda, en chassèrent à leur tour nos colons qui se partagèrent entre les établissements de la Martinique et de Saint-Domingue (1690). Mais ce dernier fut bientôt attaqué lui-même. Les Espagnols, aidés des Anglais et des Hollandais, descendirent au Cap, mirent nos troupes en fuite, et ne se retirèrent qu'après avoir brûlé une partie des habitations. M. de Cussy, alors gouverneur, fut tué dans le combat.

Il fallait pour le remplacer, dans les circonstances difficiles où se trouvait la colonie, un homme hardi, infatigable, conciliant, qui, comme M. Dogeron, s'occupât des affaires de l'établissement et ne *sût point faire les siennes;* un heureux hasard fit tomber le choix du roi sur M. Ducasse, directeur de la compagnie du Sénégal.

XIX

Saint-Domingue manquait alors de tout. Le gouvernement français, selon son immuable tradition, avait oublié ses établissements d'outre-mer aussitôt la guerre commencée, et n'y avait envoyé ni vivres, ni munitions, ni renforts. Les Anglais, qui le savaient, se présentèrent devant l'île et envoyèrent proposer aux colons « *de se mettre sous la protection du roi d'Angleterre, qui ne les abandonnerait pas comme faisait le roi de France, et les maintiendrait dans l'abondance de toute chose. Mais* les colons répondirent *que ce n'était pas une pro-*

position à faire à d'honnêtes gens, et ils forcèrent les Anglais à se retirer.

Enfin M. Ducasse arriva.

Il trouva la colonie diminuée de quatre mille habitants, les ports dégarnis de vaisseaux, les côtes sans fortifications, les poudrières vides, les flibustiers morts ou passés aux Anglais! Ceux qui restaient avaient même renoncé aux grandes courses et se contentaient de faire des descentes à la Jamaïque, dont ils enlevaient tous les nègres et qu'ils appelaient pour cela la petite Guinée. L'arrivée de M. Ducasse changea l'état des choses; il acheta des munitions aux corsaires, mit les rades en état de défense, et s'efforça de relever le courage des habitants.

Ce courage leur était d'autant plus nécessaire que les Anglais, auxquels le hasard avait livré le recensement de nos quartiers et le secret de notre faiblesse, préparaient une expédition contre Saint-Domingue. Aidés des Espagnols, ils avaient déjà réuni à la Jamaïque une escadre et trois mille hommes de débarquement lorsque le tremblement

de terre de 1692 anéantit subitement leurs pré-
paratifs. Ducasse, persuadé que le meilleur moyen
de prévenir un pareil danger, pour l'avenir, était
d'attaquer les ennemis dans leur propre colonie,
conçut à l'instant le projet d'une double expédition.
Il s'agissait d'abord, comme l'avait autrefois proposé M. Dogeron, de chasser de Saint-Domingue
les Espagnols dont le voisinage était une menace
perpétuelle, et qui ruinaient les colons français
en donnant asile à leurs nègres fugitifs. L'occasion
ne pouvait être meilleure. Une lettre écrite par
l'archevêque de Saint-Domingo au marquis de la
Velez, président du conseil des Indes, et qui avait
été interceptée par les flibustiers, constatait, en
effet, que la plupart des Espagnols étaient sans
armes, sans vêtements; que les prêtres avaient
peine à se procurer le vin de la messe et la fa-
rine des hosties; enfin que l'archevêque lui-même
était trop pauvre pour entretenir un laquais.

« Que l'on m'envoie seulement une flotte, écri-
vait M. Ducasse, et je jure de conquérir au roi
une île assez fertile pour nourrir autant de monde

que la France en contient et d'où l'on pourra, après l'avoir peuplée, faire toutes les autres conquêtes[1]. » Il ajoutait que les mêmes vaisseaux lui permettraient d'arrêter les galions d'Espagne, et de prendre la Jamaïque à peine remise du désastre qui venait de la bouleverser. Les ministres furent plusieurs mois sans répondre à sa demande; enfin ils lui envoyèrent trois navires!

C'était lui défendre de rien entreprendre; cependant Ducasse voulut utiliser ce faible secours. Il s'embarqua avec une partie de ses gens pour la Jamaïque, brûla le port Moran, le port Marie ou Atiron, et revint avec trois mille nègres, des marchandises, des chaudières de sucreries, un vaisseau de cinquante canons et beaucoup de navires de commerce. La perte des Anglais monta à douze millions[2].

Ils essayèrent de prendre leur revanche, en se présentant devant nos établissements, en 1695,

<hr>

1. Charlevoix, *loco citato.*
2. Labbat, vol. V, p. 102.

avec une flotte de vingt-deux voiles, et en débar-
quant dans la baie de Mancenille quatre mille
hommes auxquels se joignirent deux mille Espagnols envoyés par le président de Saint-Domingo.
Les flibustiers étaient malheureusement en course,
ce qui leur permit d'enlever environ six cents esclaves et de brûler le Port de Paix, où se trouvaient
la plupart des colons que l'on avait obligés à éva-
cuer l'île de Sainte-Croix, pour n'avoir point à la
défendre. On les força, par suite de ce malheur, à
quitter encore leurs nouvelles plantations pour s'é-
tablir au Cap, où l'on voulait réunir tous les habitants.

X X

Ces déplacements continuels ordonnés par la métropole, sans égard à l'intérêt des particuliers, ont été longtemps une cause de ruine et de découragement pour nos planteurs. C'est à eux et à l'âpreté fiscale des compagnies privilégiées qu'il faut attribuer surtout la lenteur de nos accroissements coloniaux. En Angleterre et en Hollande, les établissements lointains étaient entourés de protections, favorisés de priviléges, défendus avec sollicitude par la mère-patrie, c'étaient enfin des berceaux; en France nous les avons toujours considérés comme des hospices destinés à recevoir les égouts de notre civilisation. A nos yeux, les colonies sont des obligées et nous sommes leurs maîtres; tout ce qu'on en exige semble un droit; tout ce qu'on leur accorde une aumône! De là cette dureté dans l'exploitation des monopoles, cet abandon fréquent des Français d'outre-mer, cette indifférence traditionnelle enfin pour les colonisations, où nous ne voyons ni l'extension de l'influence nationale, ni des points d'appui pour l'avenir, mais des affaires chanceuses et à profit douteux.

C'est ainsi que Saint-Domingue, qui ne pouvait obtenir aucun secours du gouvernement français, devait sans cesse fournir à ses escadres des vivres et des équipages. Tous les capitaines y arrivaient autorisés par le roi à faire des levées de flibustiers qui souvent abandonnaient une habitation commencée pour aller courir le *bon bord* et ne revenaient plus. En 1697, M. de Pointis se présenta de cette manière à la tête d'une escadre de corsaires armés par des marchands. Le roi, qui ne pouvait disposer de quelques navires pour conquérir Saint-

Domingue et la Jamaïque, avait prêté aux chefs de cette expédition sans honneur plusieurs vaisseaux et deux mille homme de troupe. Une lettre adressée au gouverneur de la colonie française lui ordonnait en outre de s'y joindre avec ses flibustiers. Ducasse en réunit douze cents et partit à la suite de M. de Pointis pour Carthagène, qui fut prise; mais les plus riches habitants, avertis à temps, avaient quitté la ville ainsi que les religieuses qui s'étaient enfuies avec cent vingt mulets chargés d'or. Le butin n'en monta pas moins à près de trente millions! Les flibustiers avaient fait avant leur départ une *chasse-partie*, d'après laquelle ils devaient partager, homme par homme, avec les gens des vaisseaux, selon leur méthode habituelle; cependant lorsqu'il s'agit de faire les lots, M. de Pointis prétendit qu'il avait entendu réserver, avant tout, la part du roi, des armateurs et de l'amiral (qui était lui). Il en résulta des discussions à la suite desquelles les navires flibustiers se séparèrent de la flotte et retournèrent à Carthagène, qu'ils pillèrent une seconde fois. Mais vingt-sept vaisseaux de guerre anglais rencontrèrent, au retour, leurs dix barques, et en prirent six après un combat de douze heures. M. de Pointis, de retour en France, eut à subir un procès intenté par M. Ducasse, qui prouva sa mauvaise foi à l'égard des flibustiers, et le fit condamner à leur restituer un million quatre cents mille livres.

La même année, une nouvelle attaque des Anglais, qui avaient déjà échoué contre la Guadeloupe et la Martinique, fut repoussée au port Goave, et suivie, presque immédiatement, de la paix de Riswik.

XXI

Ici finit réellement la première partie de l'histoire de notre colonisation à Saint-Domingue. Les boucaniers n'existent plus ; les flibustiers, devenus peu nombreux et retenus d'ailleurs par les ordres sévères de la cour, renoncent peu à peu à leurs courses *au cap de Grap* [1].

On fait venir des nègres, des engagés, des filles

---

1. Du mot *grapillage* sans doute. Les flibustiers avaient substitué, dans les derniers temps, le nom de ce cap imaginaire à celui de flibuste. Ils disaient aller au *cap de Grap* comme on avait dit auparavant *courir le bon bord*.

d'hospice. L'établissement se concentre en trois quartiers, le Cap Français, Léogane, Saint-Louis; il se régularise : on élève des forts, on commence une ville; l'ère de fondation est enfin achevée, et là où il n'y avait qu'un repaire d'aventuriers, existe désormais une société complète et organisée.

Les progrès de la colonie furent tellement rapides, qu'en 1724, époque où le partage officiel eut lieu entre l'Espagne et la France, elle pouvait mettre sur pied dix mille blancs et vingt mille nègres ou mulâtres; tandis que les Espagnols ne comptaient que trois mille sept cents hommes capables de porter les armes; encore étaient-ils trop amollis pour s'en servir. Mais cette lâcheté même devait un jour tourner contre nous, car elle avait créé un danger qui grandissait sans cesse et que rien ne pouvait désormais conjurer. Les nègres marrons auxquels Saint-Domingo payait tribut, se multipliaient de plus en plus. On apercevait chaque jour quelques cabanes nouvelles se dressant au haut d'un pic inaccessible ou apparaissant au fond d'une impénétrable ravine. La montagne était de-

venue un champ d'asile ouvert à tout esclave mécontent ou amoureux de liberté. Encore un peu de
temps, et les cabanes isolées se transformeront en
villages, les familles en tribus, et alors, viennent
une occasion et un chef, vous aurez bien vite une
nation!

LIVRE DEUXIÈME

LES JÉSUITES AU PARAGUAY

I

Institués en 1540 par la bulle de Paul III, *les clers de la compagnie de Jésus* commencèrent à prendre presque immédiatement la part la plus active aux missions étrangères. L'énergique unité de leur constitution, la souplesse conciliante enseignée à tous les membres de l'ordre, et les connaissances pratiques qu'ils possédaient presque seuls, les rendaient particulièrement propres à ce ministère, qui demande, plus qu'aucun autre, *la main de fer dans le gant de velours*. Aussi, soixante-dix ans après leur établissement, étaient-ils maîtres de presque toutes les missions des deux Indes, et fondaient-ils, au centre de l'Amérique du Sud, une sorte de république dont ils se faisaient à la fois les législateurs, les prêtres et les rois.

Les établissements des jésuites au Paraguay ont cela de curieux « qu'ils donnèrent à l'ordre l'occasion de réaliser une fois l'idéal de ses doctrines [1]. » Ce ne furent point des essais progressifs et plus ou moins heureux, mais l'application immédiate, inflexible d'un système préconçu.

D'habitude, le génie lui-même hésite en face d'une société à refaire; il consulte longtemps les instincts, il sonde les traditions; sa main ne se porte qu'avec une craintive prudence sur cette *chose* mal née et mal venue peut-être, mais qui, après tout, est une *chose qui sent*. Les législateurs religieux du

____

1. Cours de M. Quinet, quatrième leçon.

Paraguay n'eurent aucun de ces scrupules. Prenant pour moule la règle de leur ordre, ils y fondèrent d'un seul jet la république nouvelle, comme ils eussent fait une statue d'airain, sans s'inquiéter si toute la matière vivante pourrait ou non y tenir.

Cette singulière tentative commença vers 1610. A cette époque, tout ce qui restait d'Indiens dans les parties de l'Amérique du Sud occupée par les Espagnols, était employé aux mines, au labourage, ou partagé en *jacras*[1]. On donnait ce nom à des espèces de fiefs que le roi concédait à certains officiers à titre de récompense. D'après les ordonnances, les Indiens vivant sur les *jacras* étaient seulement tenus de payer à leurs maîtres cinq piastres par tête chaque année[2], mais ceux-ci en exigeaient presque toujours davantage. Quant aux Indiens employés dans les mines et au labourage, ils provenaient surtout des peuplades de l'intérieur auxquelles on faisait la chasse afin de se procurer des esclaves. Il

1. *Lettres édifiantes et curieuses,* vol. VIII, p. 320.

2. La piastre d'Amérique, étant d'argent pur, valait 4 livres 10 sous. C'était donc un impôt de 22 francs 50 cent. par tête.

existait dans la plupart des villes limitrophes du
Pérou des associations de négociants qui n'avaient
point d'autre commerce, tandis que de leur côté les
Portugais du Brésil, et principalement les habitants
de Saint-Paul, étendaient leurs excursions jusqu'à
mille lieues de leurs frontières, enlevant les Indiens
pour les employer aux travaux de leurs colonies.

II

Or c'était surtout au Paraguay, au Tucuman et
dans la province de la Plata que se faisait cette
chasse d'esclaves. Ces trois contrées occupaient
tout l'espace compris entre le Pérou, le Brésil, le
Chili et la Patagonie. Les jésuites y tentèrent, à
différentes reprises, des missions, toujours inter-
rompues par des peuplades non converties ou par
les courses des *paulistes* et des Espagnols. Les vices
de ceux-ci étaient d'ailleurs un obstacle invincible
à la conversion des Indiens ; aussi les missionnaires
reprirent-ils l'idée de Las Casas, qui avait déclaré

6

que le seul moyen de civiliser les sauvages était de les réunir sur un territoire dont l'entrée serait interdite aux Européens. Ils demandèrent, en conséquence, le Paraguay, qui leur fut accordé avec le droit d'y établir des villages d'Indiens où les Espagnols ne pourraient entrer, et qui s'administreraient librement eux-mêmes au nom du roi.

Nulle autre province ne pouvait être mieux appropriée à une pareille tentative. Placé au centre du continent, entouré de forêts presque infranchissables, séparé des colonies espagnoles par des espaces immenses et déserts, le Paraguay formait une sorte d'île au milieu de la terre-ferme, et se trouvait à l'abri de toute communication par sa nature même. De plus, il ne produisait rien de ce qui tentait alors vivement la cupidité des hommes : l'or, les perles, les épices. Quant à ses habitants, ils ne ressemblaient ni aux peuples déjà policés du Mexique et du Pérou, ni à la race inquiète et guerrière de l'Amérique du Nord; ici l'homme était, comme le pays qui le nourrissait, sans caractère bien distinct et d'une énergie amoindrie. A ses penchants

même, on reconnaissait l'enfant; il n'en avait que
deux : la mélomanie et la gourmandise. La meilleure part de sa vie s'écoulait en concerts et en festins. Si les dieux se révélaient à lui, c'était par des
chansons qui l'engageaient à bien manger, à bien
boire, et le paradis auquel il était conduit par les
maponos[1] n'avait d'autres plaisirs que d'éternels
festins de gomme, de miel ou de poisson, entremê-
-lés de musique et de danse[2].

Les passions d'un peuple ne sont des obstacles que
pour les maladroits; pour les habiles, ce sont des
anses qui servent à le prendre plus aisément. Loin
de combattre les goûts des Guaranis, les jésuites s'en
servirent. Ils se présentèrent au milieu d'eux en

1. Prêtres indiens.

2. Muratori, p. 51. — Nous nous sommes servi de la traduc-
tion du père Lambert, fort exacte pour tout ce qui concerne les
réductions. Le jésuite français n'a retranché de l'original que le
tableau des cruautés commises en Amérique par les Espagnols.
« Les justes éloges que mérite, à tant d'égards, la nation espagnole, dit-il dans sa préface, *surtout dans un temps où elle devient de jour en jour plus florissante,* exigeaient de notre part des
attentions que personne ne trouvera déplacées. »

chantant des cantiques et en leur promettant, s'ils voulaient les suivre, une nourriture plus abondante. Ils dressèrent des croix auxquelles ils suspendirent de légers présents, comme pour faire comprendre par un signe sensible, à ces esprits grossiers, que le symbole de la rédemption était aussi celui du bien-être terrestre. Les Indiens se laissèrent prendre à ces amorces : ils consentirent à suivre les missionnaires, mais non sans faire leurs conditions. — Donnez-nous beaucoup à manger, ou nous ne resterons point près de vous, répétaient-ils sans cesse aux jésuites. Et ceux-ci mettaient tant d'empressement à les satisfaire, que chaque réduction comptait toujours une centaine de Guaranis malades d'excès de nourriture [1].

Ainsi la satisfaction sensuelle fut le premier appât offert à ces catéchumènes peu fervents, et, pour en faire des chrétiens, il fallut leur montrer, comme aux moines dont parle Érasme, *le réfectoire derrière l'église*.

---

1. Muratori, p. 86 et 139.

III

Du reste, des traverses de tout genre arrêtèrent
les progrès des premiers établissements. Les missionnaires eurent à combattre, outre la tiédeur des
nouveaux convertis, la difficulté des lieux, les attaques des tribus voisines, et surtout les incursions
des habitants de Saint-Paul. Cette ville, bâtie sur
une montagne inaccessible et défendue par l'épaisse
forêt de Pernabacaba, était devenue un champ d'a-
sile pour les bandits portugais et pour les nègres
fugitifs. Fermée aux étrangers, elle ne recevait dans
ses murs que ceux qui s'engageaient à s'y fixer, et

6.

encore devaient-ils subir des épreuves propres à
constater leur courage. Les premiers Paulistes ayant
épousé des Indiennes, il était résulté de ce mélange
de sang une race d'hybrides, appelées *Mamelucos*,
qui avaient rendu leur nom redoutable dans toutes
les contrées voisines. En 1631, ces bandits détruisirent les premières réductions fondées par les jésuites, et les forcèrent à aller s'établir plus loin des
frontières du Brésil, sur les rives de l'Uruguay et du
Parana. Ce fut là que se multiplièrent ces étranges
républiques, qui, lorsqu'elles sortirent des mains
des jésuites, en 1768, étaient au nombre d'environ
trente-deux.

Nous avons dit à quels moyens *humains* les missionnaires eurent recours pour établir leur autorité
parmi les Guaranis; mais une fois celle-ci acceptée,
ils songèrent à l'affermir, et pour cela, ils organisè-
rent la société nouvelle dont ils s'étaient fait les
chefs comme ils avaient organisé leurs institutions
d'Europe. Ce fut la même régularité mécanique, le
même espionnage occulte, la même horreur du
scandale plutôt que du vice, le même savoir prati-

que surtout ; car ce qui a toujours distingué les jésuites, c'est la connaissance des détails et le goût des affaires. Aucune autre corporation religieuse n'a fourni autant de régents, de calculateurs, d'architectes, de chimistes, de mécaniciens, et moins d'orateurs, de poëtes ou de penseurs. Aussi le plaisant qui appela la société de Jésus *une maison de commerce commanditée par la Trinité* exprimait-il une vérité plus sérieuse qu'il ne le croyait peut-être luimême. L'ordre, en effet, fut toujours *une maison* bien plus qu'une église, et ses missionnaires, occupés d'abaisser le ciel jusqu'à la terre, firent bien plus les affaires de leur communauté que celles de la religion. La cause qui détermina, en France, la chute de cet ordre célèbre est, au reste, suffisamment significative. Après s'être mêlé, pendant plus de deux cents ans, à toutes les intrigues politiques, commerciales et financières, il disparut tout entier par suite de la faillite d'un de ses membres.

IV

Les missionnaires du Paraguay surent tirer habi-
lement parti, dès le principe, des ressources consi-
dérables mises à leur disposition. Ils firent venir
d'Europe des frères pour diriger les travaux, avec
des ouvriers pour en exécuter une partie et mettre
les Indiens à même d'achever le reste. Un plan uni-
forme fut adopté pour toutes les réductions. Au
centre du terrain concédé à la peuplade s'élevait le
village, composé de plusieurs rues tirées au cordeau
et convergeant vers une place spacieuse où se trouvaient l'église, la maison des missionnaires, le ma-

gasin des vivres, l'arsenal et les ateliers. Tout autour, on voyait rayonner de larges routes bordées
d'orangers, qui servaient à l'exploitation des champs
où les Guaranis cultivaient le manioc, la canne à
sucre, le tabac et le coton. Les maisons, construites
à la manière du pays, avec des cannes enduites de
mortier, n'étaient composées que d'une seule pièce
et n'avaient d'autre ouverture que la porte; mais,
en revanche, l'église était grande et ornée de colonnes, de corniches, de statues, de bas-reliefs! Elle
avait cinq autels, outre la nef et les bas-côtés : sur
ses murailles, dans des boiseries ouvrées et garnies
de franges d'or, s'étendaient d'immenses tableaux
où les principaux mystères de la foi prenaient des
formes visibles afin de rester gravés au cœur des
Indiens[1]. A l'heure des offices, on jonchait les par-
vis d'herbes odoriférantes, on répandait des essen-
ces, on brûlait des parfums; une troupe de jeunes
gens, longtemps exercés, chantaient en chœur les
hymnes sacrés; quelquefois même des enfants, vê-

1. Muratori, p. 99.

tus de soie et couronnés de fleurs, dansaient devant l'autel au son des instruments d'Europe! Ainsi toutes les aisances, toutes les splendeurs, tous les plaisirs, avaient été gardés pour l'église. C'était là que les sentations les plus chatouilleuses venaient caresser les sens engourdis du Guaranis. Aussi y accourait-il avec plus d'ardeur que de gravité; mais sa curiosité n'en avait pas moins un prétexte pieux; elle pouvait être prise pour de la ferveur; on n'avait rien à espérer de plus.

Le jour de la Fête-Dieu, pourtant, le spectacle ne restait point renfermé dans les murs du sanctuaire; il s'étendait au village tout entier. Les maisons étaient couvertes de nattes et de tapisseries de plumes, les rues bordées de corbeilles de gâteaux ou de fruits entrecoupées de pièces d'eau improvisées où nageaient les poissons pêchés dans le fleuve. A chaque carrefour s'élevaient des berceaux de feuillages et de fleurs, au haut desquels voltigeaient des oiseaux retenus par les liens invisibles, tandis que plus bas rugissaient des tigres et des lions enchaînés. Après la procession venaient les feux de joie, les feux d'artifice, les tournois, à la suite desquels les jésuites distribuaient eux-mêmes les récompenses.

On invitait à ces fêtes les Indiens idolâtres, dans l'espoir que ces plaisirs inconnus et cet air d'abondance deviendraient pour eux un motif de conversion; beaucoup, en effet, s'y laissaient aller. Ils abdiquaient leur difficile et périlleuse liberté, bien décidés à la reprendre si les habitudes de la réduction cessaient de leur plaire; mais une fois engrenés dans cette grande machine, les rouages les retenaient à leur place, les entraînaient malgré eux, et la plupart finissaient par se soumettre à l'ordre établi, par manque d'énergie, sinon par élection.

Cet ordre était, du reste, facile à maintenir, par la manière dont les jésuites avaient tout rapetissé. Grâce à eux, le problème social était devenu une simple question de comptabilité. Ils tenaient la nation entière en parties doubles, chiffrant, par colonnes, ses besoins et ses droits. Le règlement recevait le Guaranis à sa naissance et le suivait jusqu'à sa tombe, fixant d'avance tous ses mouvements. A partir de six ans, l'enfant était retiré à sa mère et envoyé aux écoles sous la baguette des *zélateurs*. A douze ans, il quittait ceux-ci pour aider à la culture du *tupambaë* ou *champ de Dieu*, dont les récoltes étaient destinées à couvrir les frais de culte, d'administration, de maladie, et à payer le tribut; vers dix-huit ans, il se mariait et recevait une cabane avec un terrain et un attelage. Mais rien de tout cela ne lui appartenait; ce n'était qu'un prêt fait par la réduction. Il fallait entretenir la cabane, cultiver le terrain, rendre l'attelage à la première sommation. Des inspecteurs s'assuraient de son zèle au travail, et punissaient la moindre négligence. Les moissons qu'il recueillait n'étaient pas davantage à lui; il devait les apporter aux magasins publics, où des comptables lui livraient, chaque mois, les vivres nécessaires pour nourrir sa famille [1]. L'em-

1. Voici les expressions du père Bouchet lui-même (*Lettres édifiantes*, vol. VIII, p. 317) : « Ceux qui font la récolte sont obligés de transporter les grains dans les magasins publics; des gens tiennent registre de tout ce qu'ils reçoivent. Au commencement de chaque mois, les officiers qui ont l'administration des grains délivrent aux chefs de quartier la quantité nécessaire

ploi de ces vivres étaient encore soumis à l'examen de surveillants qui en réglaient la consommation. Enfin la distribution même des heures de la journée était indiquée d'avance. La cloche de l'église annonçait le lever, puis venait la messe, puis le travail, puis la prière du soir, puis le sommeil.

pour toutes les familles, et ceux-ci les distribuent proportionnellement. »

Muratori dit également (p. 192) que tous les grains sont gardés en commun dans les greniers publics, pour être ensuite distribués aux Indiens suivant leurs besoins. M. de Chateaubriand s'est donc trompé lorsqu'il dit (*Génie du christianisme*, liv. IV, chap. v) que les récoltes du *tupambaë* étaient seules transportées aux magasins publics, et lorsqu'il accuse Montesquieu d'avoir cru à la communauté des biens dans le Paraguay ; cette communauté existait bien réellement pour les principales productions. L'illustre écrivain commet également une erreur en avançant que la piastre due au roi d'Espagne était soldée par chaque Guaranis, sauf le cas d'un superflu dans les récoltes du *tupambaë*. Avec quoi eussent payé des gens qui ne possédaient rien personnellement ? L'impôt était directement acquitté par les jésuites sur le produit du *tupambaê*, et ce qui le prouve, c'est l'accusation qui fut portée contre eux de dissimuler le nombre des Indiens des réductions, afin de payer un moindre tribut.

V

Ainsi, occupation, nourriture, piété, rien n'était libre! La volonté des missionnaires se trouvait partout, ôtant aux Guaranis l'embarras de choisir, c'est-à-dire de vivre.

On devine seulement que, pour atteindre un pareil but, il fallait une inquisition incessante; aussi ne saurait-on croire, selon l'expression du père Bouchet, « toutes les saintes industries que le zèle du salut des âmes inspirait aux missionnaires [1]. » Outre les inspecteurs dont nous avons déjà parlé,

1. *Lettres édifiantes*, vol. VIII, p. 311.

des émissaires secrets, envoyés par eux la nuit, en paraissant ne s'occuper que de la sûreté du pays, examinaient tout ce qui se passait [1]; des vieillards se tenaient près des puits, des fontaines et des lavoirs pour empêcher les hommes et les femmes de lier conversation [2]; un chef appelé fiscal notait ceux qui négligeaient de se rendre à l'église, et les dénonçait le dimanche suivant, afin qu'on leur infligeât une pénitence publique [3]; enfin, un commissaire de quartier surveillait les actes privés et tâchait de découvrir les fautes de chacun. Si ces fautes *étaient restées secrètes*, la réprimande était également secrète; si, au contraire, elles étaient publiques, le missionnaire les déférait aux alcades, qui ne jugeaient qu'après avoir pris son avis. En cas de condamnation, le coupable était conduit sur la place publique; il y était battu de verges aux yeux de tous, et, après le châtiment, il allait baiser la main qui l'avait frappé en disant :

---

1. Muratori, p. 111.
2. *Idem.*
3. *Lettres édifiantes*, vol. VIII, p. 311.

— Dieu vous récompense de m'avoir soustrait par cette légère punition aux peines éternelles dont j'é-tais menacé [1] !

S'il arrivait que des coureurs de bois espagnols se présentassent à la réduction et voulussent y res-ter trois jours, comme le règlement le leur permet-tait, quelques Indiens sages et discrets se mettaient à leurs côtés, sous prétexte de les accompagner et de leur faire honneur, mais en effet pour les obser-ver [2]. Enfin, lorsque chaque année, deux ou trois cents Guaranis, choisis dans les réductions, s'em-barquaient sur les *balses* [3] pour transporter à Bue-nos-Ayres et à Santa-Fé les marchandises dont la vente devait servir au payement du tribut royal, à l'achat des ornements d'église, à l'acquisition des outils de pêche, de chasse ou d'agriculture, deux missionnaires conduisaient la troupe, afin que les

1. Muratori, p. 96.
2. *Idem*, p. 115.
3. Les *balses* étaient des radeaux soutenus par deux pirogues, sur lesquels on construisait, avec des nattes, des cabanes à toits de paille ou de cuir, qui servaient aux passagers et aux mar-chandises.

habitudes établies pussent être conservées pendant le voyage. Chaque soir, la flottille des *balses* était réunie dans une des criques du fleuve ; les Indiens élevaient sur la rive une chappelle de feuillages où ils plaçaient l'image de la Vierge et, après l'avoir saluée au son des fifres et des tambours, ils répétaient en chœur les prières, terminées, comme de coutume, par un acte de contrition. Le repos et le sommeil ne venaient qu'après.

VI

Comme on le voit, les jésuites avaient appliqué à ces républiques la règle de leur ordre dans toute sa rigueur : dévotion minutieuse, régularité machinale, soumission aveugle. Le Guaranis était devenu entre leurs mains une chose vivante pour l'action commandée, morte pour l'initiative ; ils avaient réussi, en un mot, à *emmaillotter sa volonté* [1], si bien réussi, qu'un demi-siècle n'a pu la lui faire re-

1. Cerutti, *Apologie*, p. 390.

trouver. « Ils se regardaient, dit un de leurs apolo-
gistes, comme des pères de famille chargés d'enfants qui n'avaient pas assez de raison pour se
conduire. » Mais les pères de famille cherchent à
former cette raison; la minorité de leurs enfants
n'est qu'un apprentissage de la vie, un achemine-
ment vers la vérité, tandis que celle des Guaranis
était un état définitif et immuable. Contents d'en
avoir fait des ouvriers habiles (habiles à imiter),
les jésuites ne voulurent pas aller plus loin

L'auteur que nous avons cité précédemment s'é-
tonne, dans sa naïveté, d'une telle conduite. « Je ne
puis croire, dit-il, que les Indiens, qui montrent
tant de dispositions pour les arts, soient dépourvus
d'intelligence, et, si on les appliquait aux sciences,
leur esprit ne tarderait certes point à se développer; mais, puisque les missionnaires n'ont pas encore pris ce parti, c'est que, sans doute, ils en sont
empêchés *par de fortes raisons.* »

Ces raisons que Muratori ne devinait point, tout
le monde les connaît aujourd'hui; avec l'intelligence, le Guaranis aurait pu prendre le goût de la

liberté, et les pères de la compagnie de Jésus voulaient continuer à l'avoir soumis à leur volonté *comme un bâton dans la main d'un vieillard* [1].

1. Cours de M. Michelet.

VII

Ajoutons, afin de tout dire, que la tutelle imposée
aux Indiens des réductions avait pour eux d'incon-
testables avantages. Bien que gouvernés exclusivement par les jésuites, « ils étaient *réellement* sujets
du roi [1], » qui leur avait accordé un grand nombre de priviléges. Ils ne pouvaient être réduits en
esclavage, ni donnés en *jacras*; ils avaient obtenu

1. Muratori, p. 174. — Cette expression : *réellement sujets du
roi*, est curieuse ; c'est un demi-aveu.

des fusils, dont l'usage était interdit aux autres Indiens; ils choisissaient chaque année, sous l'inspiration des missionnaires, le corrégidor, les alcades
et les chefs militaires qui devaient les gouverner;
ils pouvaient envoyer sur toutes les routes des émissaires chargés d'observer les voyageurs, d'annoncer l'ennemi et d'appeler aux armes les réductions
liées entre elles par une ligue défensive; enfin, ils
payaient pour tout impôt, et seulement de vingt ans
à quarante, une piastre par tête [1]. Encore, en
échange de ce tribut, le roi donnait-il à tout jésuite
partant pour le Paraguay une somme de 300 piastres et les frais d'embarquement; il fournissait à
chaque réduction les cloches, les ornements d'é-
glise, le vin, l'huile, 140 piastres par an pour les
remèdes, et payait les émoluments des missionnai-

1. Décret de 1684. — Il était spécifié, en outre, que chaque
Indien ne commencerait à payer l'impôt que *trente ans après sa
conversion*. Ces Guaranis chrétiens depuis moins de trente ans
sont ce que les jésuites appellent dans leurs écrits les *nouveaux
convertis*. On doit comprendre, d'après cela, combien Montesquieu est loin de la vérité lorsqu'il évalue le tribut payé par les
réductions au cinquième des biens.

res, qui montaient à 10,000 piastres pour toute la province [1].

Il en résultait que, de l'aveu même des pères, leurs colonies coûtaient au gouvernement espagnol plus qu'elles ne lui rapportaient. Or, comme, d'un autre côté, elles étaient fermées à tout commerce et n'offraient aux Européens aucun moyen d'établissement, loin de pouvoir devenir une source de prospérité, elles devaient rester pour la monarchie une charge sans compensation.

On ne manqua point de le faire remarquer au roi d'Espagne, en lui dénonçant la puissance toujours croissante des missionnaires dans le Paraguay. Le mystère dont les réductions étaient entourées favorisait toutes les suppositions. On assura que les jésuites avaient découvert des mines d'or sans vouloir en convenir; on exagéra le produit de leur commerce avec les villes espagnoles, où ils avaient des facteurs qui vendaient pour eux le tabac, le miel,

1. Le décret de 1669 ordonnait aux officiers royaux de payer à chaque curé de réduction 445 piastres. Celui de 1707 n'accorda que 350 piastres pour les missionnaires des nouvelles réductions.

les peaux et l'herbe du Paraguay ; on les accusa de déguiser le nombre des Indiens convertis, dans le but de payer un moindre tribut ; enfin, on prétendit que les Guaranis avaient refusé, en plusieurs circonstances, d'obéir aux officiers du roi, et qu'ils étaient véritablement bien moins les sujets de la couronne d'Espagne que de la compagnie de Jésus.

Des gouverneurs, des évêques, prêtèrent l'oreille à ces plaintes ; on essaya même de remplacer les jésuites dans une des réductions par de simples prêtres : mais ceux-ci, dépourvus des immenses ressources dont la société pouvait disposer en faveur de ses membres, manquèrent bientôt des choses les plus nécessaires et furent obligés d'abandonner leur troupeau [1]. Pendant ce temps, la compagnie employait tous les moyens pour se disculper et raffermir son crédit. Elle y réussit pleinement. Un décret de Philippe V, portant la date du 12 novembre 1716, confirma tous les priviléges des réductions, et ordonna au gouverneur de Buenos-Ayres, « non-

___

1. *Lettres édifiantes*, vol. IX, p. 179.

seulement de ne les inquiéter en aucune chose, mais encore d'être d'une union sincère et d'une parfaite intelligence avec les supérieurs de ces missions. »

VIII

Forts de cet appui, les jésuites continuèrent
leurs efforts pour multiplier leurs établissements.
Chaque année, trente ou quarante Guaranis partaient des réductions, accompagnés de quelque missionnaire portant d'une main son bréviaire, de
l'autre un bâton surmonté d'une croix, et ils s'en-
fonçaient avec lui dans les bois, à la recherche des
peuplades infidèles. Ces voyages présentaient de
grandes difficultés et des dangers de tout genre.
Il fallait s'ouvrir un chemin à travers des fourrés
impénétrables, traverser des fleuves, gravir des

montagnes, apaiser les sauvages effrayés ou furieux qui prenaient le plus souvent les néophytes et leur guide pour des *Paulistes* déguisés [1] : ces obstacles même une fois surmontés, restait à vaincre les répugnances des sauvages pour le changement de vie qu'on leur proposait. Les uns, retenus par les liens du sang, qu'on les engageait à briser, répondaient :

— Nous avons ici une famille, et nous ne voulons pas quitter ceux que nous aimons [2].

D'autres, voyant plus loin, et inquiets pour leur indépendance, disaient froidement :

— Vous assurez que le dieu des chrétiens sait tout et qu'il voit tout ce qui se fait ici-bas ; nous ne voulons pas d'un dieu qui a les yeux si perçants, et nous désirons vivre en liberté, dans nos bois,

---

1. Les *Paulistes* s'étaient présentés plusieurs fois parmi les peuplades libres sous des apparences pacifiques et ayant un des leurs déguisé en jésuite, afin d'attirer un plus grand nombre de sauvages et de pouvoir faire plus de prisonniers.

2. Lettres du père Catanéo, p. 372.

sans avoir au-dessus de nous un censeur et un juge perpétuel de nos actions [1].

Cependant, à force de caresses, de présents, de patience, le missionnaire finissait le plus souvent par les persuader et par les engager à le suivre. Si les nouveaux catéchumènes étaient en petit nombre, on les conduisait dans une des missions déjà fondées; s'ils formaient, au contraire, une peuplade, on établissait pour eux une réduction. Mais ces conversions subites étaient généralement peu solides. Le règlement, d'abord accepté sans réflexion, devenait bientôt un joug trop pesant. Alors ces yeux que l'on s'efforçait de tenir modestement baissés vers la terre, se tournaient furtivement vers les grandes forêts qui ouvraient à l'horizon leurs libres solitudes, et, au matin, lorsque la cloche sonnait pour appeler à la prière, toutes les cabanes se trouvaient vides. Le nouveau peuple avait fui dans les bois pour échapper à son législateur.

1. Lettres du père Catanéo, p. 143.

IX

Ces faits avoués, en passant, dans les lettres de
quelques jésuites italiens ou français qui avaient
traversé les reductions, ne durent point être les
seuls témoignages de mécontentement donnés par
les Indiens. Pendant cette domination d'un siècle
et demi, les jésuites eurent sans doute plus d'un
mécompte à subir, plus d'une révolte à comprimer ;
mais le cordon sanitaire établi par eux autour de
leurs établissements ne nous a point permis d'en
connaître l'histoire. Habitués à cacher leurs ulcères
pour faire croire à leur santé, ils ont nécessaire-

ment gardé le silence sur ces agitations intérieures des réductions; tout ce que nous en savons vient d'eux, et c'est sur leurs partiales descriptions que nous sommes obligés de juger l'œuvre.

A les entendre, rien n'en égalait l'excellence. L'autorité des missionnaires resta comme celle de Dieu, éternellement juste, infailliblement éclairée. Grâce à leur influence, les Guaranis étaient devenus plus que des hommes, plus que des saints, car le moins pur d'entre eux *n'eût pu être accusé d'un seul péché mortel*. L'unique défaut constaté par les pères est une délicatesse de conscience exagérée, une sorte de passion à se trouver coupable et à se dénoncer!

Nous en demandons pardon aux missionnaires, mais une telle perfection nous inquiète plus qu'elle ne nous touche; les peuples de saints nous ont toujours paru aussi invraisemblables que les peuples de philosophes, et, en lisant les églogues inspirées aux jésuites par l'innocence évangélique des Guaranis, nous craignons presque également l'hypocrisie des héros et l'aveuglement volontaire des panégyristes. Nous ne pouvons croire à ces vertus règlementairement inoculées à tous les membres des réductions, pas plus qu'à leur civilisation sans intelligence, pas plus qu'à leur bonheur sans liberté. Peut-être les Guaranis avaient-ils les apparences de tout cela, ce qu'il faut de vertu pour éviter la pénitence publique, ce qu'il faut de civilisation pour tirer parti de la matière, ce qu'il faut de bonheur pour ne pas se plaindre; mais il leur manquait une âme. Il n'y avait point de république, point de peuple; il y avait tout au plus un collége, où, comme l'a dit un historien, « les bons sujets étaient ceux qui se taisaient[1]. »

Et voyez plutôt le résultat obtenu pour tant de persévérance, de dévoûment, d'habileté, de dépenses (car il faut bien faire entrer l'argent en ligne de compte lorsqu'il s'agit de colonies); la stérilité de l'arbre n'est-elle point suffisamment prouvée par le petit nombre de ses fruits? Les mis-

1. Cours de M. Michelet.

sionnaires de la compagnie de Jésus se répandent dans toute l'Amérique centrale ; ils appellent à eux les Indiens, traqués partout et n'ayant plus d'autres champs d'asile que les réductions ; les fugitifs trouvent près d'eux les moyens de vivre et de se défendre ; on favorise les mariages, on assure la nourriture à tout enfant qui verra le jour, et, au bout de cent cinquante-huit ans, quand on vient enfin demander aux maîtres du Paraguay la clef de leur *Eldorado*, il se trouve que ces républiques, enrichies par les libéralités du roi, favorisées de mille priviléges, et dont on fait tant de bruit depuis un siècle, ne comptent que cent vingt mille habitants sur un espace de plus de douze mille lieues carrées, c'est-à-dire moins que n'en renfermait le même pays avant la venue des missionnaires ! Comment une prospérité si longue avait-elle diminué la population au lieu de l'accroître ? Ce gouvernement si parfait était-il donc moins favorable au développement de la race que l'état sauvage lui-même ?

Je sais que l'on a voulu expliquer ce fait : on a allégué l'insalubrité du climat, la contagion de la

petite vérole, les attaques des *Paulistes;* mais cette
insalubrité n'avait point augmenté depuis l'établissement des réductions, cette contagion n'était point
particulière au Paraguay, ces attaques ne se renouvelèrent presque plus à partir de 1631. La véritable cause n'était donc point là, elle était tout entière dans la loi qui ralentit l'accroissement de
population chez les peuples opprimés et abâtardis,
et qui l'accélère dans les États libres et véritablement civilisés. Le mal venait de l'organisation
même des réductions, de l'espèce de pétrification
communiquée au Guaranis comme un élément mo-
ralisateur. Le moyen que cet esclavage n'amenât
pas chez lui, à la longue, une sorte de langueur?
On lui avait ôté le droit de suivre ses instincts, sans
lui accorder celui de consulter sa raison; on lui
refusait toute progression intellectuelle, toute spon-
tanéité, et ceux qui en avaient fait ainsi un cadavre
animé admiraient ensuite sa douceur, sa docilité;
ils s'étonnaient de sa résignation à mourir, comme
s'ils n'eussent pas dû s'étonner bien davantage de
sa résignation à vivre!

X

Les républiques du Paraguay, dit le père Bouchet dans une de ses lettres, *ressemblent à des
communautés bien réglées* [1]. Cet éloge contient
l'explication complète de leur peu d'accroissement.
Une communauté est une société artificielle qui ne
se perpétue qu'à la condition de se recruter ailleurs; ce n'est point une nation. Raynal, qui à
travers ses phrases gonflées de rhétorique arrive si
rarement au vrai des choses, et dont les préven-

____

[1]. *Lettres édifiantes*, vol. VIII, p. 319.

tions sont d'ailleurs favorables aux jésuites, a pourtant compris cette vérité. « Les Guaranis, en apparence si heureux, dit-il, devaient éprouver un ennui profond. Chez eux, les devoirs étaient tyranniques, aucune faute n'échappait au châtiment; ils étaient inspectés jusque dans leurs plaisirs. Leurs cœurs ne sentaient aucun besoin; s'ils étaient sans vices, ils étaient aussi sans vertu; ils n'aimaient point, ils n'étaient point aimés. Un Guanaris passionné aurait été l'être le plus malheureux, et l'homme sans passion *n'existe* ni dans le fond d'un bois, ni dans la société, ni dans une cellule. »

Raynal s'est trompé de mot : l'homme dépourvu de passion *existe*, mais sans le sentir, sans le vouloir; il ne vit pas.

Du reste, pour ceux qui voudraient nier l'*ennui profond* des Guaranis et leur sourd mécontentement contre les maîtres qui les gouvernaient, nous rappellerons un dernier fait. Lorsqu'en 1768 les missions du Paraguay furent retirées aux Jésuites, ces sujets dont on vantait l'attachement passionné

pour leurs législateurs les virent partir sans regrets,
sans résistance. Un gouverneur et des lieutenants
prirent tranquillement possession des réductions,
les moines de Saint-François, de Saint-Dominique
et de la Merci s'y établirent comme prêtres, et
aucune plainte ne s'éleva, si ce n'est celles des anciens missionnaires.

Il faut donc le dire, les établissements fondés
au Paraguay par la compagnie de Jésus furent des
œuvres de patience, mais étroitement conçues et
manquant de ce qui fait progresser les choses
humaines. Loin d'agrandir l'âme d'enfant du Guaranis, les jésuites la rapetissèrent encore; ils bor-
nèrent pour lui le progrès à des perfectionnements
professionnels où à des imitations serviles; ils le
firent jouer au gouvernement, jouer à la guerre,
jouer à la chapelle, et ils appelèrent cela une religion, un système militaire, une constitution! Grâce
à eux, des esprits qui n'étaient qu'ignorants devinrent puérils. Aussi, ces républiques tant vantées
ne furent-elles jamais que des agglomérations arti-
ficielles de sauvages bien dressés, rigoureusement

contenus, mais jamais civilisés. La civilisation est quelque chose de plus large et de plus profond ; c'est la culture progressive de l'ensemble des facultés, l'expansion toujours plus harmonisée de la vie universelle. Les faits extérieurs peuvent la révéler, mais ils ne la constituent pas, et le peuple le plus civilisé n'est pas celui qui sait tisser, bâtir, forger avec le plus d'habileté, mais celui chez qui la moralité, l'intelligence et la justice se sont élevées le plus haut

LIVRE TROISIÈME

CANADA. — ACADIE. — TERRE-NEUVE.
BAIE D'HUDSON.

I

La recherche d'un passage qui pût conduire au
Kathai oriental par le nord-ouest de l'Amérique
avait été la préoccupation de tous les navigateurs
du xvᵉ et du xvıᵉ siècle. Chabot l'avait cherché
pour le roi d'Angleterre en 1495, Verazzani pour
le roi de France en 1522; ce fut encore l'objet principal du voyage de Jacques Cartier en 1534. Il dou-

bla l'île de Terre-Neuve, que l'on prenait alors pour une portion du continent, entra le premier dans le golfe de Saint-Laurent, reconnut l'embouchure du fleuve, et revint en France pour en porter la nouvelle.

On le renvoya avec d'autres navires [1], et, cette fois, il remonta le Saint-Laurent jusqu'au village de *Hochelagua* (depuis Montréal), et prit possession de toutes ces terres au nom du roi de France.

Mais le roi de France se souciait peu d'un pays ne produisant ni or, ni épices et dont on ne lui avait rapporté que deux sauvages. Les sauvages n'avaient plus rien qui excitât la curiosité de

1. Il fit ce second voyage avec trois navires de 120, de 60 et de 40 tonneaux. Ses équipages ayant été décimés par la maladie, il fut obligé de laisser un de ces navires (celui de 60 tonneaux) dans la rivière de Saint-Charles au Canada. On vient de le retrouver à cinq pieds sous la vase ; et la société littéraire de Québec a envoyé à Saint-Malo diverses pièces de fer et de bois extraites de ce navire, qui paraît avoir eu le fond plat et en forme de sole (Voyez le rapport de M. Lunat, lu à l'Hôtel-de-ville de Saint-Malo, le 13 décembre 1832).

la cour. On se rappelait encore ceux qui avaient été amenés par des marins de Dieppe; ils avaient mangé, dansé, reçu le baptême devant la reine : la mode en était passée.

Aussi s'écoula-t-il plusieurs années sans que l'on songeât à profiter des découvertes de Jacques Cartier. Ces découvertes se composaient de quatre pays distincts : l'Acadie, l'île du cap Breton, Terre-Neuve, et les rives du Saint-Laurent, alors désignées sous le nom de Canada[1].

1. Le nom de Canada vient du mot iroquois *Kannata*, qu signifie réunion de cabanes. (CHARLEVOIX, vol. I, p. 9).

II

Le premier essai d'établissement dans ces pa-
rages fut celui de François de Laroque, sire de
Roberval, gentilhomme picard fort en crédit, que
François Ier appelait *le petit roi de Vimeu*, pour le
distinguer de son frère, qu'il avait surnommé *le
gendarme d'Annibal* [1]. De Laroque obtint des
lettres-patentes qui le déclaraient seigneur de
Norinbegue, de *Hochelagua*, de *Terre-Neuve*, de

1. *Histoire de la Nouvelle-France*, par Charlevoix, vol. I,
p. 22.

Labrador et autres lieux. Cartier fut nommé maître-pilote de l'expédition. Sa commission constatait que c'était à lui qu'était due la découverte d'un *pays nommé Canada, faisant un bout de l'Asie du côté de l'occident*, et l'autorisait à prendre, dans les prisons du royaume, cinquante condammés pour coloniser. Cartier partit, en effet, avec cinq navires et s'établit au cap Breton, où il ne reçut aucun des secours promis, et qu'il fut obligé d'abandonner au bout de dix-huit mois.

Le sire de Roberval, retenu en France par la guerre contre l'Espagne, ne revint à ses idées de colonisation qu'en 1549. Il s'embarqua alors pour l'Amérique avec son frère, mais leur navire fit naufrage, et tous deux périrent.

Près de cinquante ans s'écoulèrent sans nouvelles tentatives. Les Basques, les Normands, les Bretons, continuaient à faire la pêche de la morue sur les côtes du cap Breton et de Terre-Neuve, sans y former d'établissements sédentaires. Enfin Troïlus de Mesgouet, seigneur de Laroche, sollicita et obtint du roi Henri III des lettres-patentes semblables à celles qui avaient été précédemment accordées au sire de Roberval.

A lire ces lettres, on prend d'abord une haute idée de l'importance de l'entreprise. Le roi confère au nouveau gouverneur du Canada le droit de nommer des officiers, de faire des levées d'ouvriers, de prendre à gages les navires et marins qu'il trouverait dans les ports de France. Malheureusement tous ces priviléges ne pouvaient être utilisés qu'avec de l'argent, et, en sa qualité de gentil-homme breton, le seigneur de Laroche était mieux fourni de bonne volonté que de patrimoine. Aussi, tout ce qu'il put faire, en épuisant sa bourse et celle de ses amis, fut-il d'équiper un navire si petit que, « par-dessus le bord, il lavait ses mains dans la mer [1] ! »

Il y embarqua quarante condamnés, qu'il déposa au *cap Sable* (à l'extrémité méridionale de la Nouvelle-Écosse), tandis qu'il remontait plus haut pour chercher un port; mais la tempête l'éloigna

1. *Histoire de la Nouvelle-France*, par Marc Lescarbot.

des côtes de l'Amérique et le ramena en Bretagne, où il fut fait prisonnier par le duc de Mercœur, alors chef de la Ligue dans le vieux duché. Lorsqu'il sortit enfin de captivité, son premier soin fut de rappeler au roi les quarante malheureux abandonnés au cap Sable; on y envoya un navire qui en trouva encore douze vivants. Présentés à la cour sous leurs costumes de peaux de loups marins, ils y racontèrent leur histoire, au grand amusement du roi et des dames, qui les renvoyèrent avec quelque argent. Quant à M. de Laroche, poursuivi par ses créanciers et abandonné par ses amis, il mourut de chagrin.

Le commandeur de Chaste, qui succéda à ses droits sur les nouvelles terres, envoya Pon-Gravé et Champlain pour en prendre une connaissance plus détaillée.

Le premier appartenait à la petite république maritime de Saint-Malo. C'était un de ces capitaines demi-Bretons demi-Normands, également propres au commerce, à la navigation, au combat, et qui, lorsqu'on les hélait sur l'Océan, au lieu de hisser

comme sauvegarde le pavillon de France, criaient
— Malouins! et passaient sous la protection de leur
courage. L'autre, né dans la Saintonge, avait moins
l'instinct pratique des choses. Nature aimable,
cœur intrépide, esprit ouvert, et peut-être trop
amoureux d'aventures, il réunissait en lui les principales qualités et les principaux défauts du gentilhomme français de cette époque.

Tous deux remontèrent le Saint-Laurent, exami-
nèrent le pays, et formèrent des alliances avec plusieurs des peuples qui l'habitaient. Mais, avant
d'aller plus loin, nous devons dire ce que c'était
que ces peuples et ce pays.

III

Tout l'immense territoire renfermé entre le 40ᵉ et le 60ᵉ degré de latitude nord, était habité par trois nations mères parlant trois langues distinctes.

Vers la baie d'Hudson, se trouvaient d'abord les *Eskimantsiks*[1] ou *Eskimaux*, race particulière, sortie de la souche mongole, et parlant le *karabit*[2];

1. *Mangeurs de poisson* en langue leni-lenape ou algonkine. Voyez Charlevoix, *Voyage dans la Nouvelle-France.*

2. Jean Heckewelder, *Histoire, Mœurs et Coutumes des Indiens,* chap. ix, p. 170. — On connaît le *karabit* par la grammaire et le dictionnaire du père Égède, les ouvrages de Bartholinus,

puis, en descendant vers le Saint-Laurent, on trouvait les tribus appartenant à la langue *leni-lenape*[1], et celles de la langue *mingwée* ou *irokoise*.

Ces deux dernières nations ont joué un rôle si important dans nos colonisations, que leur histoire est pour ainsi dire la nôtre.

La langue *leni-lenape*, que nos voyageurs français ont appelé langue algonkine, du nom d'une des peuplades qui la parlaient, était en usage chez presque toutes les tribus au nord et au midi du Saint-Laurent, depuis l'Acadie jusqu'au Namœsi-

Waldike et Thorhalesten. Pour la langue *mingwée*, on n'a que le vocabulaire huron du père Sagard, dans le *Grand Voyage au pays des Hurons*, les remarques de Carver et de Lafitau. Mais Zieberger a composé un dictionnaire complet et une grammaire *mingwés* dont les manuscrits ont été retrouvés et existent à la bibliothèque des frères moraves à Bethléem, État de Pensylvanie. On y voit également une grammaire de la langue *leni-lenape*, qui est, du reste, assez bien connue par la *Grammaire du dialecte nantick* d'Elliott (publiée à Cambridge, dans le Massaschussetts), le *Vocabulaire* de Zeiberger et l'*Essai sur la langue mohingane* du docteur Edwards.

1. *Leni-lenape*, signifie *peuple primitif*. (Heckewelder, livre cité, chap. I, p. 41.

Sipu[1] (Mississipi). Elle faisait un circuit de douze cents lieues, du sud au sud-ouest, en passant par le nord. La langue des *Mingwés*, désignée par nos auteurs sous le nom de langue huronne, n'était, au contraire, parlée que par deux nations importantes, les *Awandates*, appelés par nous *Hurons*, et les *Mingwés*, plus généralement connus sous le nom d'*Irokois*[2].

1. De *namœs*, poisson, et *sipu*, rivière : *rivière des poissons.*

2. C'est aux recherches faites par Colden, Loskiel, Heckewelder et le père Sagard, missionnaire français, que l'on doit de connaître les véritables noms des nations qui habitaient l'Amérique du Nord, lorsque les Européens s'y établirent. Ces derniers y avaient substitué, le plus souvent, des noms de fantaisie, donnés par raillerie ou par ignorance, et qui, répétés de confiance, avaient fini par passer pour les véritables noms de ces peuples. C'est ainsi qu'un plaisant, ayant trouvé que la coiffure des *Awandates* donnait à leur tête l'apparence d'une *hure*, les baptisa du nom de *Hurons*, qui leur fut conservé; quant aux *Mingwés*, comme ils terminaient tous leurs discours par l'expression sacramentelle *iro* (j'ai dit), et exprimaient leur joie et leur tristesse par le cri national *koué*, les premiers Français qui abordèrent au Canada les désignèrent par les deux syllabes réunies, et en firent un nom propre : Iro-koué ou Irokois. (CHARLEVOIX, *Voyage dans la Nouvelle-France.*)

Les principales tribus qui parlaient le *leni-lenape* étaient les *Nadawesius*, ou, par abrévation, *Swis*, à l'ouest; les *Wapanakis*, ou *Abenakis*, qui habitaient l'Acadie; les *Mohingans*, fixés dans le voisinage de la Nouvelle-Angleterre; les *Algonkins*, établis entre Kébec et le lac Saint-Pierre.

L'autre langue ne comptait, comme nous l'avons déjà dit, que deux peuples : les *Awandates* (Hurons), qui occupaient l'espace compris entre les lacs Érié, Huron et Ontario; les *Minguées* (Irokois), occupant un territoire borné par ce dernier lac, par les possessions anglaises et par les sources de l'Ohio.

IV

La population de ces contrées, auxquelles on
devait donner le nom de *Nouvelle-France*, se partageait donc, lors de notre arrivée, en deux groupes
distincts : d'un côté se trouvait la race *leni-lenape*,
de l'autre la race *minguée*.

Cette dernière avait longtemps formé plusieurs
tribus presque étrangères l'une à l'autre; mais
leurs déprédations, leurs meurtres et leurs perfidies
continuelles ayant décidé les peuples de la langue
leni-lenape à leur faire une guerre d'extermina-

tion[1], et les *Awandates* (les *Mingwés*), quoique appartenant à leur langue, s'étant également déclarés leurs ennemis, comprirent qu'il n'y avait de salut pour eux que dans une confédération générale. L'alliance fut conclue par les soins d'un vieux chef nommé Thannawage, entre le xve et le xvie siècle, à peu près « un âge d'homme » avant l'arrivée des Européens.

Les tribus *Mingwées* ainsi associées désormais par une alliance offensive et défensive, prirent le nom d'*Aquanoschioni*, qui veut dire *un peuple uni*[2]. Ils restèrent pourtant partagés en cinq vil-

1. Loskiel, *Histoire de la Mission des frères Moraves*, première partie, chap. x.

2. C'est la signification donnée à ce mot par le révérend David Zeiberger, qui parlait fort bien le *mingwé*. — M. Pyrlæus, dont on a un gros volume de notes également manuscrites sur les Indiens, dit que le nom d'*Aquanoschioni* veut dire *une famille*. Charlevoix écrit le mot un peu différemment (*Agonousioni*) et prétend qu'il signifie *faiseurs de cabanes*. (*Voyage dans la Nouvelle-France*). Du reste, toutes ces traductions expriment au fond la même idée de rapprochement et de réunion. — Le manuscrit de M. Pyrlæus, auquel sont empruntés plusieurs des détails que nous donnons plus haut, se trouve dans la bibliothèque des frères Moraves, à Bethléem, dans l'État de Pensylvanie.

lages, ce qui les a souvent fait désigner par les Européens sous le nom des Cinq-Nations. Chacune de ces nations, ou plutôt de ces tribus d'un même peuple, portait un nom particulier que nous verrons revenir sans cesse dans le cours de ce récit.

Le premier village en venant du nord, sur la frontière de la Nouvelle-York, était celui des *Agniés*, ou *Mohauks*, appelés aussi par les autres Indiens *Sank Hicanis*, les *hommes qui font feu*[1], parce qu'ils furent les premiers à se procurer des fusils. Après eux venaient les *Onneyouths* ou *Oneidas*, c'est-à-dire *fabricants de pipes de pierre*; les *Onontakès* ou *Onondagwés*, ainsi nommés à cause de la situation élevée de leur village; les *Goyogwins* ou *Caygas*, qui avaient pris le nom du lac près duquel ils habitaient; enfin les *Tsonnouthwans* ou *Senecas*.

Du reste, toutes ces peuplades, quelle que fût leur origine, obéissaient, à peu près, aux mêmes traditions.

---

1. De *sanikan,* une batterie de fusil.

Ces traditions, qui réglaient les actes de la vie privée et de la vie publique, formaient un ensemble complet, un véritable système d'autant plus puissant que la conservation de ces usages était confiée à la garde de tous. Mais les premiers Européens qui arrivèrent en Amérique ne comprirent rien à cette organisation. Ne trouvant point dans le nouveau monde la société de l'ancien, ils en conclurent que la société n'y existait pas. Ils ignoraient la langue des hommes rouges; ils ne pouvaient comprendre le sens de leurs coutumes; ils ne connaissaient point le lien qui en faisait un tout; aussi n'y virent-ils que les caprices bizarres d'esprits grossiers ou corrompus. Il faut se rappeler d'ailleurs quels étaient ces premiers observateurs : des marchands qui ne s'occupaient que de la traite des pelleteries; de hardis aventuriers toujours à la découverte et passant trop vite pour bien voir; des missionnaires regardant toute constitution opposée à leurs croyances comme l'œuvre de la folie ou du démon.

Ajoutez à cela le trouble que l'arrivée des hommes

blancs apporta tout à coup dans l'existence des peuples américains. Ce fut comme un torrent de choses et d'idées inconnues qui se précipitaient au travers des traditions. *L'eau de feu* et la poudre eussent suffi pour en briser la chaîne; on y joignit la contagion de la cupidité européenne, les intérêts compliqués d'une politique changeante et la prédication d'une foi nouvelle. Il en résulta une sorte de bouleversement que des observateurs ignorants ou inattentifs ne surent point reconnaître, et présentèrent comme l'organisation elle-même. De là cet aspect mensonger sous lequel la plupart des contemporains nous ont présenté les races américaines; ce sont toujours pour eux des *sauvages*, c'est-à-dire des hommes vivant au hasard dans les forêts, sans croyances, sans loi, sans contrat social. Or, non-seulement ce contrat existait, mais il était aussi clairement formulé, aussi absolu, et presque aussi compliqué que celui de la civilisation européenne.

V

Le point de départ de ce système était la famille.
Quelque nombreuses que fussent les tribus appartenant à une langue, elles se considéraient comme des
enfants élevés au même foyer, et ne formaient, selon leur expression, qu'*une seule cabane*. Elles s'appelaient, entre elles, du nom de frère, d'oncle, de
cousin, selon l'ancienneté et l'intimité des relations. Chacun avait, en outre, un nom propre em-
prunté, le plus souvent, à un animal, dont elle gra-
vait la figure sur ses étendards et sur ses *tomahi-*

kans [1] ; c'étaient ses armoiries. Le plus ancien village était traité par les autres de grand-père ; son chef avait la suprématie ; c'était chez lui que s'allumait le grand feu du conseil, et les chefs des villages alliés se réunissaient dans sa cabane pour délibérer sur les intérêts communs.

Le titre de chef d'un village, ou de père de famille de la tribu, était électif chez les peuplades de la langue *leni-lenape* (algonkine), héréditaire chez celles de la langue *minguée* (irokoise) ; mais dans ce dernier cas, la succession se continuait par les femmes, c'est-à-dire que le chef mort n'avait point pour héritier son propre fils, mais le fils de sa sœur.

Trois conseils assistaient le chef dans toutes ses délibérations : celui des vieillards, celui des guerriers, celui des élus [2]. Ces trois conseils étaient encore la symbolique expression de la famille ; ils représentaient le grand-père, le fils aîné et le cousin. Chaque bourgade avait, en outre, un orateur qui

1. Casse-tête, dont les Anglais ont fait *tomahawk*.
2. Ils étaient choisis par chaque cabane.

avait droit d'assister aux conseils de la tribu et d'y donner son avis, c'était la voix; il savait dire ce que les autres ne savaient que penser. L'orateur n'avait aucun pouvoir particulier et reconnu; il ne pouvait en avoir. Les autres membres du conseil, représentant des éléments immuables de la tribu, avaient une importance relative et fixée; mais lui représentait l'intelligence, c'est-à-dire ce qu'il y a de plus variable, de plus imprévu; son autorité ne lui était donc point donnée; il la prenait, plus ou moins absolue, selon la puissance de sa parole.

Les réunions autour de feu du conseil n'avaient lieu que pour les affaires importantes, comme une grande chasse, une alliance ou une guerre.

S'il s'agissait d'une guerre, et qu'elle fût décidée, le chef restait plusieurs jours enfermé dans sa cabane, le visage noirci, invoquant son *manitou* tutélaire, et ne prenant aucune nourriture. L'isolement et le jeûne étaient, en effet, regardés comme une préparation indispensable pour tous les actes importants de la vie. Ils aidaient au recueillement, donnaient plus de lucidité à l'esprit, et provoquaient une exaltation favorable aux périlleuses entreprises.

Lorsqu'il se sentait suffisamment inspiré, le chef sortait de sa retraite, assemblait les guerriers, leur faisait connaître son plan, en jetant à terre un collier. Celui qui le ramassait se déclarait son lieutenant.

Il se faisait tatouer ensuite aux couleurs du village, revêtait sa plus belle robe de peau de castor, chantait, le premier, sa chanson de guerre, puis chaque guerrier chantait la sienne. Ces chansons avaient généralement un caractère de noblesse triste plutôt que d'exaltation guerrière, ainsi qu'on en peut juger par celle qu'Heckewelder nous a conservée [1] :

« O pauvre moi ! qui va partir pour combattre l'ennemi, et qui ne sais si je reviendrai, si je reverrai ma femme, mes enfants !

» O pauvre créature qui n'est pas maître de sa

____

1. Ouvrage cité, p. 335.

vie, qui n'a aucun pouvoir sur son corps, mais qui tâche de faire son devoir pour le bonheur de sa nation!

» O toi, Grand Esprit, prends pitié de ma femme et de mes enfants, empêche qu'ils soient affligés à cause de moi. Fais que je puisse tuer mon ennemi et rapporter des chevelures. »

Tout guerrier qui voulait suivre le chef venait lui remettre une planchette sur laquelle était gravé un signe indiquant le nom du guerrier qui la donnait; c'était le symbole de l'enrôlement. Cette planchette représentait dès lors celui qui l'avait remise, et, s'il refusait de marcher, le chef pouvait lui briser la tête comme à un lâche [1]. Ainsi la liberté du choix était laissée à chacun; mais une fois le choix fait, il fallait, sous peine de la vie, remplir son engagement.

Le plus grand nombre, du reste, le remplissaient volontiers, car la lâcheté était, chez les Indiens, un

1. Lebeau, *Aventures du sieur Lebeau*, vol. I, p. 206.

vice presque inconnu. Toute leur éducation·ten-
dait à développer leur force, leur présence d'esprit,
leur adresse, leur patience; à les rendre enfin sûrs
d'eux-mêmes, c'est-à-dire courageux.

Dès le premier âge, ils s'étudiaient à supporter
impassiblement la souffrance. On voyait des enfants
placer un charbon ardent entre leurs bras droits liés
l'un à l'autre, et se défier à qui mépriserait le plus
longtemps la douleur[1]. Tout le monde connaît les tor-
tures infligées aux prisonniers de guerre, et comment
ils les bravaient en chantant leur *chanson de mort*.
Un de leurs chants nous a été conservé par un témoin: pendant qu'on déchirait ses membres et que
l'on brûlait sa chair, le guerrier indien répétait :

« Mon cœur est fort; vous ne me faites pas de
mal; vous ne pouvez pas me faire de mal; vous
n'avez point d'esprit.

» Que ne m'avez-vous vu, moi et mes guerriers,
torturer vos parents! nous savions les faire crier

---

1. Charlevoix, *Voyage dans la Nouvelle-France*.

comme des enfants qui boivent encore le lait de leur mère.

» Vous n'êtes pas des braves, la vue du *tomahi-kan* vous fait fuir ; il n'y a point d'hommes parmi vous.

» Que fais-tu là, toi qui n'as plus qu'un œil? C'est une de mes flèches qui t'a crevé l'autre ; et toi qui me regardes, sais-tu que j'ai tué ton frère aîné et enlevé la chevelure de ton père?

» Allons, chef, voyons si tu sauras mieux torturer que les autres ; c'est moi qui ai enlevé ta femme l'automne dernier, et qui l'ai fait brûler au poteau[1]. »

1. *Voyage du capitaine Bonneville*, appendice, p. 310.

VI

On comprend que de tels hommes ne pouvaient jamais s'avouer vaincus, et que cet orgueilleux courage, en perpétuant les guerres, aurait eu infailliblement pour résultat de dépeupler le continent américain avant notre arrivée, si la tradition n'eût fourni un moyen de tout concillier. Le guerrier, quelque fatigué qu'il pût être de la guerre, ne devait jamais parler de déposer les armes; mais les femmes avaient, dans ce cas, la faculté de s'interposer; c'était une sorte de fonction publique dévolue par la tradition, et dont nul ne pouvait les dé-

pouiller. Lorsqu'elles réussissaient à apaiser la colère des combattants, ceux-ci se présentaient l'un à
l'autre le *ganondaôé* ou calumet[1] ; les chefs le fumaient tour à tour, et la paix était conclue. On la
célébrait par des fêtes. Les jeunes gens la chantaient
en dansant, et les orateurs félicitaient la tribu du
bonheur dont elle allait jouir.

« Que vos cabanes vont être fermes, s'écriaient-
ils ; que vos femmes vont y allaiter à l'aise vos enfants ! La chaudière de guerre est renversée, et la
hache a été enterrée si avant que vos blés vont
croître par-dessus sans que vous puissiez jamais la
déterrer[2]. »

Outre leur pouvoir de terminer la guerre, les
femmes avaient une grande influence sur toutes les
délibérations, principalement chez les peuples de la

1. Le mot *calumet* est français et vient du mot *chalumeau*. Les
peuples de la langue *mingwée* appelaient cette pipe *ganondaôé*,
ceux de la langue *leni-lenape, paogon*. (*Histoire de l'Amérique
septentrionale*, par M. de La Poterie, vol. II, p. 14.) Le fourneau
était de marbre rouge et le tuyau de roseau, le tout orné de
plumes. Les Français introduisirent l'usage des calumets d'acier.

2. Lebeau, ouvrage cité, vol. II, p. 213.

langue *minguée*, où le conseil des élus était nommé par elles et composé quelquefois de personnes de leur sexe.

Ainsi, chez ces prétendus *sauvages*, l'homme et la femme partageaient, à peu près également, l'autorité; le principe de conservation contre-balançait le principe de lutte, et l'action politique résultait de la combinaison des deux instincts.

Ce même partage avait lieu pour le travail. Ne pouvant s'écarter beaucoup du village où la retenaient les soins domestiques, la femme cultivait le champ de maïs placé près de la cabane, préparait les vêtements, fabriquait les ustensiles nécessaires au ménage, tandis que l'homme pêchait au loin sur le lac ou chassait dans la forêt. En cas de voyage, la première portait les fardeaux, afin que son compagnon, toujours libre de ses mouvements, fût en mesure de la défendre, elle et ses enfants, contre les mille dangers dont ils pouvaient être assaillis. Dans la vie privée comme dans la vie publique, chaque sexe avait donc l'emploi réclamé par ses instincts: à l'un, les devoirs qui demandaient l'adresse et le courage ; à l'autre, le travail exigeant l'ordre et la patience [1].

1. On s'est complétement trompé quand on a cru voir, dans ce partage de fonctions, l'oppression du sexe le plus faible et le mépris des hommes pour le travail; les hommes s'y associaient lorsqu'il était nécessaire. Ils construisaient les cabanes, aidaient à rentrer les moissons. (CHARLEVOIX, *Voyage dans la Nouvelle-France*.) Heckewelder dit positivement que les fatigues des femmes ne sont nullement à comparer à celle des hommes, leurs travaux n'étant que de courte durée, tandis que ceux des hommes sont constants.

VII

Avec la liberté illimitée dont jouissaient les peuples de l'Amérique, et dans l'absence des lois préventives qui maintiennent chez nous l'état social, tout eût été perdu si la tradition n'eût servi de frein. Hors certains cas prévus, toute violence était regardée comme une lâcheté. L'éducation habituait les enfants à une dignité calme. Jamais de cris ni de châtiments. Le plus dur reproche d'un père à son fils était ces mots : — Tu me déshonores! et ils suffisaient souvent pour que le fils se tuât. Celui que l'on recevait parmi les guerriers voyait sa patience soumise aux plus rudes épreuves : sur le moindre geste de mécontentement ou de dépit, on le chassait honteusement.

La tradition avait encore fourni un autre moyen d'imposer aux jeunes gens des habitudes sérieuses: on leur donnait le nom de ceux dont on regrettait la mort. Ils prenaient leurs titres, leur parenté, leurs obligations, et les continuaient pour ainsi dire dans la tribu ; c'était ce qu'on appelait *relever un nom*. Le jeune homme chargé de soutenir ainsi, par sa sagesse, une réputation justement acquise, se sentait pris de respect pour l'héritage d'honneur qui lui était confié et faisait tous ses efforts pour qu'on ne s'aperçût point de la substitution.

Du reste, la communauté de toutes les productions naturelles et le peu de souci qu'avaient les Indiens de s'enrichir facilitaient singulièrement la douceur avec laquelle ils se traitaient entre eux. La plupart des emportements et des haines qu'engendre chez nous la propriété leur étaient inconnus. Ils savaient peu de chose du *tien* et du *mien*, « ces paroles froides » comme les appelle saint Grégoire.

La crainte des représailles arrêtait en outre les plus violents. Quiconque avait frappé était frappé à son tour; il ne fallait pour cela ni débats ni arrêt; tout ami de la victime pouvait tuer le coupable. Quant aux injures moins graves, elles étaient vengées à l'époque de l'*ononwarori*, où tous les Indiens masqués couraient de cabanes en cabanes, frappant les gens dont ils avaient à se plaindre et brisant ce qui leur appartenait. La perspective de l'*ononwarori* aidait à conserver, surtout parmi les femmes, des rapports de bon voisinage.

Ces rapports étaient encore entretenus par les présents. La générosité des Indiens entre eux n'avait point de limites. Le chasseur qui venait de tuer une bête fauve apercevait-il un autre chasseur, il se retirait en montrant le gibier abattu et disant :

— Que mon frère emporte sa proie !

Un guerrier savait-il que son voisin avait rêvé à une de ses armes, de ses robes ou de ses fourrures, il la lui apportait sur-le-champ. Leurs largesses s'étendaient même aux morts: ils déposaient ce qu'ils avaient de plus précieux dans la tombe de leurs parents et de leurs amis, afin que rien ne leur manquât pour le grand voyage qu'ils allaient entreprendre vers l'*Eskénane* ou le pays des âmes.

Leur piété ne s'arrêtait point là ; ils rendaient un véritable culte aux restes de ceux qu'ils avaient aimés. A une certaine époque, tous les villages s'assemblaient pour les réunir dans un cimetière commun, et cette cérémonie funèbre, célébrée avec de grandes démonstrations de douleur, resserrait les liens de la tribu. L'association des vivants était entretenue par l'association des morts. Le souvenir de ceux-ci restait si entier et si douloureux dans les familles, qu'on en parlait comme de parents absents ; rappeler qu'ils n'existaient plus eût été une injurieuse dureté. La tombe mettait également à l'abri de toute récrimination, de tout reproche ; quelle qu'eût été la vie de celui qui y était enfermé, sa dépouille devenait sainte.

Les vieillards participaient de cette vénération pour les morts. Ils étaient l'expression visible de la tradition, c'est-à-dire de la grande loi ; les insulter, c'était insulter à ce qui faisait vivre la nation,

« ébranler la cabane dans ses assises mêmes. »
Aussi la soumission à leurs jugements était-elle absolue. Y allât-il de la vie, un jeune homme n'eût
osé contredire un de ses anciens. En 1765, une
troupe d'Indiens partant des environs de Philadel-
phie voulut gagner, à travers le désert, un lieu appelé Wyoming sur la Susquehannah ; ils avaient à
leur tête le missionnaire morave Zeiberger, et pour
guides plusieurs vieillards. Après avoir marché
quinze jours avec des difficultés inouïes, et en s'ouvrant une route à travers des forêts de sapins, ils
arrivèrent à une montagne qui ne présentait aucun
passage. Les vieillards ne voyaient plus d'autre
ressource que de retourner sur leurs pas, en faisant
un détour de cent milles par Nescopeck. A cette
nouvelle le découragement s'empara de toute la
troupe, et l'on ne savait plus à quoi se résoudre,
lorsque Zeiberger se rappela qu'un jeune Indien,
nommé David, qui se trouvait parmi eux, avait dû
parcourir déjà cette contrée. Il le fit venir, et lui
demanda s'il connaissait un chemin court et facile
qui pût conduire à Wyoming.

— Sans doute, répliqua David.

— Vous en connaissez un, s'écria Zeiberger, et vous nous suiviez par cette fause route sans rien dire !

— Quand les anciens vous guident, les jeunes gens doivent garder le silence, reprit l'Indien froidement; qu'ils m'interrogent, et je leur ferai connaître le vrai chemin.

Les vieillards avertis firent venir David et le prièrent de conduire la troupe, ce qu'il fit avec tant de succès que peu de jours après elle atteignait le but de son voyage.

VIII

Le côté faible de la constitution sociale des Indiens du nord était la religion. Les croyances transmises sans l'autorité du prêtre, mal entretenues par
un culte qui manquait de règles et de régularité,
surchargées de toutes les superstitions que la folie
de chacun pouvait y ajouter, ne formèrent jamais,
pour les tribus de la même langue, un lien sérieux.
Là où il eût surtout fallu que la tradition resserrât
ses chaînes, elle faisait défaut. Après avoir réglé
l'activité des corps et des esprits, elle laissait le
vide pour l'activité des âmes. Aussi manqua-t-il

toujours aux peuples indiens cette concrétion qui a
rendu ceux de l'Europe si puissants. Livrée à tous
les caprices de la volonté individuelle, l'unité nationale fut toujours travaillée, chez eux, de je ne sais
quelle force centrifuge qui tendait à éparpiller les
énergies et les ressources. Il manquait évidemment
à tous ces principes de vie un centre d'attraction
plus absorbant, plus absolu. C'est là réellement, si
nous ne nous trompons, qu'il faut chercher la cause
de ce mal mystérieux et inguérissable qui, selon
l'expression de Mackensie, « réduit insensiblement
à rien toutes les nations de l'Amérique. »

Les grands principes qui forment la base de toutes les religions ne leur étaient pourtant pas inconnus. Les Indiens admettaient l'existence d'un grand
esprit dont le nom général était *Areskwi* dans la langue mingwée, et *Michabou* dans la langue leni-lenape. Quant à ses noms particuliers, ils l'appelaient
quelquefois *Taronia wagon* (qui affermit le ciel)[1],

---

1. Des mots mingwés *garontia,* ciel, et *wagon,* affermir de tous
côtés. (Voyez Lafitau, *Mœurs des sauvages américains,* vol. 1,
p. 133).

quelquefois *Orakwa nentakton* (qui a attaché le soleil) [1].

Ce dieu suprême créa la terre et l'appuya sur une tortue. Il y plaça six hommes d'une nature supérieure. L'un de ces hommes monta au ciel et y épousa une déesse nommée *Ataentsic*, dont la postérité peupla la terre et fut détruite par un déluge. Le Grand Esprit sauva pourtant sur un radeau plusieurs bêtes fauves parmi lesquelles se trouvaient le castor, la loutre et le rat musqué. Il envoya successivement ces trois derniers au fond de l'abîme ; mais le rat musqué revint seul avec quelques grains de sable. Alors *Michabou* le prit et en fit une montagne autour de laquelle il se mit à tourner, et qui s'élargissait à mesure [2].

Voulant ensuite peupler ce nouveau monde, il changea en hommes les cadavres des animaux et les plaça dans les profondeurs de la terre, où ils

1. Des mots *garakwa*, soleil, et *ganentakton*, attacher.

2. Les Indiens croient que le Grand Esprit continue à tourner autour de la terre, qui grandit toujours. (Voyez de **La Poterie**, ouvrage cité, vol. II, p. 7.)

vécurent comme l'enfant au sein de sa mère. Enfin, quand le moment fut venu de naître à la clarté du jour, ils trouvèrent une issue et vinrent habiter sous le ciel. Mais les tribus ont conservé le nom des animaux dont elles croient tirer leur origine, et reconnaissent la parenté qui existe entre elles et les bêtes fauves. Ce sont, à leurs yeux, les différentes branches d'une même famille habitant la terre sous des formes variées; aussi les Indiens ne traitent-ils point les animaux qu'ils chassent comme des êtres d'une espèce différente et inférieure, mais comme des races avec lesquelles ils sont en guerre. Heckewelder raconte qu'un guerrier leni-lenape, ayant frappé d'une balle, devant lui, un ours énorme qui se mit à pousser des cris plaintifs, s'approcha au lieu de l'achever, et lui dit avec indignation :

— Tais-toi, tu es un lâche et non un guerrier, ainsi que tu voudrais en avoir l'air. Si tu étais un guerrier, tu ne crierais pas comme une vieille femme. Tu sais pourtant que nos tribus sont en guerre l'une contre l'autre. Si tu avais vaincu, je l'aurais supporté avec courage et je serais mort comme un brave; mais toi, tu restes là, et tu te plains, et tu déshonores ta tribu par la bassesse de ta conduite.

Quand il eut achevé, Heckewelder lui fit observer que l'ours n'avait pu l'entendre.

— Oh! il m'entendait très-bien, répondit le chasseur, et vous avez dû remarquer combien il était honteux pendant que je lui faisais ces reproches.

Ne voyez-vous point là l'origine évidente de l'anthropophagie des Indiens? L'homme, ne leur paraissant qu'un animal transformé, devait être nécessairement une proie. Le droit de manger le vaincu d'une tribu devenait général, que cette tribu fût celle des *ours* ou des *Mingwés;* en mettant sur un pied d'égalité tous les êtres animés, on ne pouvait reconnaître à aucun de priviléges particuliers, et, dès que le gibier avait une âme comme l'Indien, l'Indien devait devenir une viande comme le gibier.

Cette parité entre l'homme et la brute était telle,

aux yeux des Américains, qu'ils plaçaient leurs âmes dans le même élysée. Ils croyaient seulement que la portion impérissable mise par le Grand Esprit dans tous les êtres animés ne pouvait parvenir à cet élysée qu'après avoir passé un certain temps sur la terre. Aussi avaient-ils soin de placer les tombes des enfants au bord des sentiers parcourus, afin que les jeunes femmes pussent, en passant, respirer ces âmes et les faire reparaître sous une nouvelle forme dans la vie.

Les Indiens reconnaissent, outre le Grand Esprit, une multitude innombrable de génies inférieurs qui correspondent à nos anges gardiens. On les appelle *Manitou* dans la langue leni-lenape, et *Oki* dans celle des Mingwés.

Dès qu'un jeune homme savait manier les armes, il s'occupait de choisir son génie tutélaire. On lui noircissait pour cela le visage, on le condamnait à la retraite, au jeûne, et, quand son esprit s'était ainsi exalté, il devait regarder le premier objet qui frappait sa pensée comme cachant son *manitou*. Cet objet, dont il faisait, à partir de ce moment, une sorte de dieu pénate, était ce que les Indiens nommaient *l'oïaron* [1]. Ils pensaient de plus que tous leurs rêves, pendant cette initiation, étaient des révélations du *manitou,* et présentaient une image anticipée de ce qui leur arriverait.

Une partie de cette croyance se prolongeait même au delà de l'époque de leur initiation. La plupart des songes restaient pour eux des avertissements donnés par des esprits, ou des communications invisibles entre les âmes, car ils pensaient que celles-ci étaient assez indépendantes du corps pour pouvoir s'en séparer à certains instants et franchir invisiblement les espaces.

[1]. Lafitau, ouvrage cité, vol. I, p. 170; Charlevoix, *Voyage dans la Nouvelle-France.*

IX

Les Indiens ont des *voyants* (appelés *saiotkata* par les Mingwés) qui devinent l'avenir et lisent au fond du cœur, des *agotkons*, ou mauvais esprits jetant des maléfices, et des espèces de jongleurs qui prétendent guérir toutes les maladies au moyen de certaines pratiques superstitieuses.

Ils croient à la rémunération des œuvres dans un autre monde. Les âmes que la mort a délivrées de leurs prisons charnelles prennent le chemin d'une mystérieuse contrée située à l'ouest. Le voyage est long et difficile. Il faut trouver sa route dans d'immenses forêts, franchir des marécages, traverser des fleuves sur des ponts de roseaux; encore les âmes des méchants arrivent-elles dans une région aride et déserte où elles souffrent éternellement de la faim; mais les âmes des bons finissent par rencontrer un beau pays de chasse où se trouvent les âmes de tout le gibier qu'ils ont aperçu pendant leur vie. Ils entendent de loin une musique merveilleuse qui les attire, et arrivent à la case habitée par le dieu des âmes et par son aïeule *Ataentsic*. L'appartement du premier est tapissé de peaux précieuses, plafonné de plumes et parqueté de poils de porc-épic; celui *d'Ataentsic* a pour ornements les colliers et les fourrures apportés en présents par les morts. C'est là que les âmes sont reçues et qu'elles demeurent éternellement, sans autre occupation que la danse et les festins.

Quelque confuses et mélangées que soient ces croyances, il est facile d'y saisir de nombreux rapports avec les nôtres. La différence de deux trames n'empêche pas de reconnaître une chaîne

commune. Ce sont bien toujours, au fond, les
mêmes révélations, les mêmes espérances ; on sent
l'unité de l'âme humaine dans l'unité indes-
tructible de ses manifestations religieuses. Aussi
les Indiens du nord comprirent-ils, sans trop
d'effort, les instructions des premiers missionnaires. Alors même que leur tradition humaine et
leurs passions repoussaient l'enseignement chrétien, leur esprit y prenait un intérêt involontaire.
Il y avait en eux une sorte de préparation à recevoir la *bonne nouvelle*, et ils avaient vaguement
aperçu l'ombre du Dieu qu'on leur annonçait. Un
Indien mourant, que le père Joseph avait réussi à
convertir, se mit à parler à Dieu au moment de rendre le dernier soupir :

« Grand Esprit, murmurait-il, Grand Esprit ! pourquoi ne t'es-tu pas fait connaître à moi plus tôt ? Je
t'ai si souvent demandé ! Qui es-tu ? où es-tu ? que
veux-tu que je fasse ? pourquoi n'as-tu pas voulu
me répondre ? Sans doute que j'en étais indigne,
parce que je t'avais trop offensé ; mais présen-

tement que t'ai-je fait pour m'envoyer cette robe grise qui me console en me disant qui tu es [1] ? »

1. Lebeau, ouvrage cité, vol. I, p. 299. Les Indiens de l'Amérique du Nord, bien que dégradés par le contact des Européens dont ils ont pris presque tous les vices, conservent au milieu de leur démoralisation quelque chose de la dignité et de la longanimité qui les distinguèrent autrefois. Le témoignage de ceux qui ont vécu dans leur familiarité est unanime sur ce point. Voyez entre autres le voyage du prince Maximilien de Wied dans l'intérieur de l'Amérique septentrionale, de 1832 à 1834, et les admirables dessins que Ch. Bodmer ajoute à ce voyage, les seuls qui aient réellement révélé jusqu'à présent *la nature et l'homme* de l'Amérique du Nord.

X

Telles étaient les croyances, les mœurs et les institutions des peuples de l'Amérique du Nord lorsque Champlain et Pont-Gravé arrivèrent dans le Saint-Laurent. Ils n'eurent guère de relations, à ce premier voyage, qu'avec les *Algonkins* de la langue leni-lenape et les *Awandates*, auxquels ils donnèrent le nom de *Hurons*. Ils les trouvèrent bien disposés à nous recevoir, firent avec eux quelques échanges, et remirent à la voile en leur promettant de revenir.

Mais, pendant leur absence, M. de Chaste, qui les avait envoyés en Amérique, était mort, et ses priviléges venaient de passer aux mains de Pierre Dugua, sieur Demonts, qui, afin de réussir plus certainement, avait associé les principaux marchands rochelais à son entreprise.

La Rochelle, place de sûreté laissée aux protestants, avait alors une haute importance maritime. Bien que la guerre de religion eût cessé, ses marins la continuaient sur l'Océan, attaquant, comme catholique, tout navire bon à piller. C'était de la piraterie, mais faite avec un ordre et une austérité dont on n'avait point encore eu d'exemple dans cette ville, « où il fallait que chacun marchât l'œil droit, sous peine d'encourir la censure des ministres [1]; les corsaires eux-mêmes avaient conservé des habitudes dignes et régulières. Ils débarquaient les mains teintes de sang et chargées de rapines, mais sans cris, sans désordre, sans ivresse. Ces scélérats n'avaient point de vices! Quant à la

____

[1]. Lescarbot, *Histoire de la Nouvelle-France.*

bourgeoisie, enrichie par leurs courses, elle était encore plus irréprochable. Toujours au travail ou au temple, ne cherchant aucun plaisir hors de la famille, voyant chaque jour croître ses richesses sans que son luxe dépassât jamais les limites du bien-être, elle défiait, sous sa cuirasse de vertus évangéliques, les attaques de ses ennemis eux-mêmes.

Ce fut dans ce repaire d'honnêtes gens que le sieur Demonts alla préparer son expédition. Il emmenait, outre Pont-Gravé et Champlain, M. de Poutrincourt, qui voulait chercher dans la Nouvelle-France un lieu où il pût s'établir avec sa famille. Ce dernier avait pour compagnon un avocat au Parlement nommé Marc Lescarbot, homme de sens, quoique beau diseur, qui nous a laissé le récit de ces premiers essais de colonisation.

Ils coururent de grands risques dans ce voyage (1604), parce qu'ils étaient partis, selon l'expression de Lescarbot, « avant que l'hiver eût quitté sa robe fourrée. » Arrivé enfin en Acadie, Demonts bâtit un fort dans l'île de Sainte-Croix, sur la rivière du même nom[1]; mais l'île manquait de sources, et il se décida, peu après, à joindre M. de Poutrincourt, qui s'était fixé à Port-Royal.

Les années suivantes furent employées par tous deux à de continuels voyages en France. Les gens qu'ils avaient emmenés demandaient à s'en retourner au bout de quelques mois, et il fallait sans cesse les remplacer, si bien que l'on eût dit une garnison plutôt qu'une colonie. A la vérité, l'établissement n'était guère lui-même qu'un fort servant au commerce de pelleteries. M. de Poutrincourt avait en vain essayé de lui donner un autre caractère en ouvrant des routes dans les bois, en faisant défricher quelques terres, et en construisant un moulin; les associés voulaient des gains immédiats et ne se souciaient que du castor.

D'un autre côté, on leur suscitait, en France, des obstacles de tout genre. Leur association avec les Rochelais avait été vue de mauvais œil à la cour, et l'on y faisait courir, sous le nom de maître

---

1. Qui sépare aujourd'hui les États-Unis du Nouveau-Brunswick, et va se jeter dans la baie de Fundy.

Guillaume, des livrets défavorables à l'entreprise
Les officiers des *traites foraines* eux-mêmes, prétendant que les pelleteries du Canada devaient être
considérées comme marchandises étrangères, re-
tinrent vingt-deux balles de castor que l'on avait
voulu faire entrer sans payer de surtaxe : il fallut,
pour les ravoir, obtenir une déclaration expresse
du roi qui ordonnait la main-levée [1].

1. La déclaration du roi porte la date du 16 mars 1605.

L'opposition la plus sérieuse venait des négociants de Saint-Malo. Cette ville jouait alors dans
notre commerce un rôle aussi important que La
Rochelle, mais tout différent; La Rochelle était le
port protestant, Saint-Malo le port catholique. Là,
comme nous l'avons dit, étaient l'ordre, le calme,
la suite; ici l'activité, la fièvre, les grandes audaces. Les marins de la première ville ne partaient
que les comptes faits et les parts réglées, ceux de la
seconde qu'après avoir communié et promené leurs

drapeaux autour des remparts. D'un côté il y avait plus d'âme, de l'autre plus d'arithmétique; aussi La Rochelle ne produisit-elle guère que d'habiles marchands, tandis que Saint-Malo fournit pendant deux siècles à la marine française ses meilleurs pilotes et ses plus intrépides capitaines. Par suite encore de ces deux natures opposées, les Rochelais avaient plusieurs fois profité des priviléges du commerce exclusif, tandis que les Malouins les avaient non-seulement combattus en principe, mais s'étaient opposés à ce qu'on en gratifiât deux de leurs concitoyens, les fils de Jacques Cartier. Forts de leur intelligence aventureuse, ils ne réclamaient du roi d'autre faveur que l'égalité pour tous.

Ils renouvelèrent cette demande à propos du privilége accordé au sieur Demonts, remontrant que la traite des pelleteries avait été libre de toute ancienneté, et que c'était chose monstrueuse « que de favoriser ainsi quelques marchands au grand préjudice des acheteurs, qui étaient tout le peuple. »

En toutes autres circonstances, de pareilles ré-

clamations eussent été peu comprises ou mal reçues; mais il s'agissait de nuire à des huguenots,
on les accueillit. Le sieur Demonts, qui ne se dou-
tait de rien, apprit, par le premier navire qui arriva à Port-Royal, que son privilége lui était retiré,
et que l'association avec les Rochelais se trouvant
ainsi rompue, ceux-ci avaient retenu, en gens
prudents, l'envoi de munitions, de vivres et d'engagés, sur lequel il comptait.

Demonts, désespéré, revint en France, fit valoir
ses avances, ses pertes. Tout ce qu'il put obtenir
fut le renouvellement de son privilége pour un an.
Bien que la faveur fût illusoire, il accepta; seulement, comme il était dégoûté de l'Acadie, il ne
voulut point y retourner.

Le Kathai oriental continuait à être le rêve de
tous les navigateurs du temps. Plusieurs pensaient
que le Saint-Laurent devait y conduire. Le sieur Demonts, qui partageait cette opinion, proposa à
Champlain et à Pont-Gravé, de former sur ses rives
un établissement qui, tout en servant pour la traite
des pelleteries, permettrait d'explorer le cours du

fleuve. Ce plan, approuvé par tous deux, devint
l'objet d'une seconde association qui ne tarda pas
à être de nouveau attaquée par les ennemis du
sieur Demonts; il ne trouva enfin d'autre moyen
de se délivrer de ces persécutions que de se retirer.

Champlain devint alors chef de l'entreprise.
Ayant remonté le Saint-Laurent jusqu'au *kebeio* ou
rétrécissement du fleuve [1], il y établit un comptoir
d'échange qui prit le nom du lieu, et s'appela
Kébec. Ce hameau, fondé en 1608, devait plus tard
devenir la capitale du Canada.

1. *Kebeio* signifie rétrécissement dans la langue leni-lenape.

XII

Ainsi, après tant d'hésitations et de tâtonne-
ments, notre colonisation allait se fixer dans une
des contrées les plus septentrionales du nouveau
continent, loin de la mer qui pouvait seule nous
mettre en communication avec l'Europe, et au milieu de populations aussi dangereuses comme al-
liées que comme ennemies. Si ce choix ne fut
point une faute, ce fut du moins un irréparable
malheur. En nous enfonçant dans cette impasse du
Saint-Laurent sans occuper la côte orientale de
l'Amérique, nous nous exposions infailliblement à

11.

nous trouver tôt ou tard bloqués dans notre colonie, où les secours ne pouvaient arriver qu'en passant devant cette ligne d'établissements ennemis qui s'étendit bientôt de Boston jusqu'à la Floride. Ajoutez la rigueur du climat. Les vents d'ouest brisaient tout sur leur passage, ceux du sud et de l'est amenaient la neige, ceux du nord un froid intolérable. Des hivers de près de six mois [1] nous obligeaient à tous les embarras de la prévoyance, cette vertu que nous ne connaissons guère que de nom ; enfin la traite des fourrures était un appel funeste fait à nos penchants aventureux ; elle devait devenir, pour nous, ce qu'avait été l'or pour les Espagnols, un perpétuel empêchement à coloniser.

Les Anglais, au contraire, que leur position favorisait moins pour ce commerce, s'appliquèrent à la pêche, à l'agriculture ; ils fondèrent des manufactures ; ils exploitèrent des mines ; ils cons-

---

1. Ils étaient de cinq mois et demi. (*Lettre du père Lallemant à son frère*, p. 4.)

truisirent des navires, et formèrent ainsi des établissements solides.

Le sort des deux colonies était donc, pour ainsi dire, réglé d'avance par leur situation et, si l'on en doute, que l'on regarde ce qui se passe encore de nos jours. Le Canada a changé de mains; livré à un peuple dont l'habileté colonisatrice est partout citée en exemple, a-t-il pu se racheter de son vice géographique? est-il sorti de son rang secondaire comme colonie? n'a-t-il pas été pour l'Angleterre un embarras bien plus qu'une source de prospérité? La position du Canada anglais vis-à-vis des États-Unis n'est-elle pas enfin, à peu de chose près, la même aujourd'hui que l'était celle du Canada français vis-à-vis de ces mêmes États, alors colonies anglaises? C'est que ces derniers ont dans leur situation et dans leurs éléments constitutifs une force qui, tôt ou tard, les rendra maîtres du Canada au nom de l'union américaine, comme ils s'en sont déjà rendus maîtres au nom de la monarchie britannique.

XIII

Champlain se fortifia le mieux qu'il put à Kébec,
et obtint, peu après, par l'intermédiaire du prince
de Condé, le privilége du commerce exclusif au bord
de la Grande-Rivière, nouvelle qu'il fit publier dans
tous les ports, afin de trouver des associés. Pendant
ce temps, M. de Poutrincourt continuait ses efforts
pour maintenir l'établissement fondé par lui à Port-
Royal; malheureusement les marchands qu'il s'était
associés reculaient devant toute avance. Des intrigues de cour vinrent augmenter ses embarras.
L'édit de Rouen avait rappelé les jésuites; on voulut

en envoyer à Port-Royal; mais la mort récente d'Henri IV avait rendu l'ordre odieux. On se rappelait ses doctrines régicides; on répétait tout haut les paroles du père Cotton recommandant, sur toutes choses, à Ravaillac, au moment où l'on allait l'interroger, *de ne pas accuser les honnêtes gens!* En conséquence, le fils de M. de Poutrincourt, qui achevait, à La Rochelle, le chargement d'un navire pour l'Acadie, refusa de recevoir les deux missionnaires. Ils se retirèrent humblement sans insister; mais quelques jours après le jeune homme les vit revenir. Ils avaient acheté, *avec l'argent des aumônes*[1], le droit des marchands associés, et se trouvaient propriétaires de la meilleure part du navire[2]. Force fut de les conduire à Port-Royal.

Ils y signalèrent leur arrivée par toute sorte de prétentions et de tracasseries; mais ils avaient affaire à un homme que vingt années de traverses avaient accoutumé à la lutte. Quoi qu'ils pussent tenter, M. de Poutrincourt garda toute son autorité,

1. Lescarbot, *Histoire de la Nouvelle-France.*
2. Charlevoix, vol. I, p. 135.

se contentant de répondre aux insinuations, aux récriminations ou aux menaces :

— Montrez-moi le chemin du ciel, mes pères, je vous conduirai bien sur la terre [1].

Les deux missionnaires s'adressèrent alors à la cour. Une dame de Guercheville, qui les avait déjà aidés de sa bourse, se chargea de colporter leurs plaintes de ruelle en ruelle, avec cette ardeur têtue et bruyante qui est le privilége des petits esprits. Secondée par le père Cotton, elle persuada à la reine-mère que l'intérêt de la religion et de la France réclamait en Acadie un nouvel établissement dont les jésuites auraient seuls la direction. Le projet prit faveur à la cour ; les dames s'en déclarèrent les protectrices. On fit des quêtes, on arracha aux ministres une commission pour le sieur de la Saussaye, qui avait consenti à être le chef militaire de l'entreprise ; la reine fournit de l'argent, des munitions, quatre tentes royales. Restait à prévenir l'opposition que l'on pouvait craindre de la part de

1. Lescarbot, ouvrage cité.

M. de Poutrincourt, qui était venu chercher des secours en France et qui allait lever l'ancre. Madame
la marquise de Guercheville avait heureusement pris
un intérêt dans la société de commerce dont il était
le chef; elle se prétendit créancière et fit saisir son
navire en garantie.

XIV

Pendant ce temps, de la Saussaye mettait à la voile ; il arriva à Port-Royal, prit les missionnaires qui y avaient été précédemment envoyés, et alla bâtir, sur la rivière de Pentagoët, un fort auquel il donna le nom de Saint-Sauveur. Mais il y reçut bientôt la visite de voisins qu'il n'attendait pas.

Walter Raleigh avait établi dans la Virginie, dès 1584, une colonie qui, comme toutes celles de cette époque, échoua faute de secours. Les tentatives renouvelées en 1587 et en 1590 ne furent point plus heureuses ; mais enfin, en 1603, des efforts plus sérieux furent récompensés par un plein succès, et lorsque le sieur de la Saussaye arriva en Acadie, l'établissement de la Virginie avait déjà une certaine importance et employait un grand nombre de navires à la pêche de la morue.

Onze de ces navires, ayant rencontré le flibot de la Saussaye, apprirent son débarquement à Pentagoët. L'Angleterre et la France étaient en paix, aucune hostilité n'avait été commise par les nouveaux venus, rien ne pouvait donc justifier un acte de violence; mais les Anglais avaient, pour attaquer, un motif tout-puissant aux yeux de gens habiles, ils étaient les plus forts! Aussi firent-ils voile pour Saint-Sauveur, puis pour Port-Royal, qu'ils pillèrent et détruisirent. Les habitants de ce dernier établissement, qui s'étaient sauvés dans les bois à leur approche, demeurèrent sans abri et sans ressources [1]. Leur plainte fut transmise au cabinet de Saint-James, qui répondit « que le roi Jacques Ier avait accordé à ses sujets le droit de s'établir sur toutes les terres

---

1. Voyez la plainte adressée par eux au juge de l'amirauté de Guyenne au siége de La Rochelle, 14 juillet 1614.

qui ne dépassaient pas le quarante-cinquième degré. » La question était de savoir s'il avait pu leur
accorder ce droit, et surtout celui de détruire les
établissements déjà existants ; on n'y songea point.
« La cour de France avait d'abord fait grand bruit
de l'entreprise des Anglais, dit l'historien de la
Nouvelle-France ; mais comme, dans le fond, cette
affaire *n'intéressait que des particuliers*, ce premier
feu se ralentit bientôt [1].

Sur ces entrefaites, M. de Poutrincourt fut envoyé
par le roi pour reprendre Meri-sur-Séine, où M. le
prince tenait garnison ; il prit effectivement la ville,
mais il y fut tué.

Après cette mort, l'Acadie fut oubliée. Le Canada
lui-même excitait peu d'intérêt. Champlain revenait
en France tous les hivers avec de nouveaux plans
pour la prospérité de la colonie ; mais les marchands
associés ne lui répondaient qu'en demandant le
moyen de traiter des fourrures à un moindre prix.
Pour eux, Kebec n'était qu'un magasin de pellete-

1. Charlevoix, ouvrage cité, vol. I, p. 139.

ries, et ils laissèrent ce poste tellement dépourvu de défense, qu'en 1622, c'est-à-dire vingt-quatre ans après sa fondation, Kebec n'avait encore que cinquante habitants.

Le comte de Soissons, puis M. le prince de Condé, s'étaient pourtant déclarés les protecteurs de *la Nouvelle-France*. Ce dernier en fut même nommé vice-roi, mais ce titre ressemblait à celui des évêques *in partibus*, qui n'obligeait à rien. Il le vendit peu après à son beau-frère, le maréchal de Montmorency, pour la somme de onze mille écus.

Enfin Richelieu parut, tourna les yeux vers l'Amérique, et comprit que tout l'avenir de notre marine était là. La compagnie des Iles, formée par ses soins, avait déjà commencé à coloniser les Antilles [1]; il voulut en créer une seconde plus puissante pour la colonisation de la Nouvelle-France. Ce fut la compagnie des sept associés dont le roi signa les priviléges le 19 avril 1627.

Établie pour quinze ans, elle devait, dans cet es-

---

1. Voyez les *Études sur les Colonisations*.

pace de temps, faire passer en Amérique seize mille colons *français et catholiques;* le roi lui accordait le droit de bâtir des forts, de fondre des canons, de concéder des terres, et d'y attribuer des titres; il lui faisait en outre présent de deux vaisseaux de guerre et de quatre couleuvrines de fonte verte.

La pêche de la morue et de la baleine restait libre; mais l'exportation des fourrures appartenait exclusivement à la compagnie, et les colons qui en avaient acquis ne pouvaient les vendre qu'à ses facteurs.

Les marchandises venant de la Nouvelle-France et celles qu'on y envoyait étaient déclarées exemptes de droits.

Tout gentilhomme pouvait, sans déroger, faire partie de la compagnie, qui avait même le droit de disposer de douze lettres de noblesse en faveur de douze de ses membres.

La seule redevance au roi était une couronne d'or de huit marcs à chaque nouveau règne.

Mais tandis que l'on préparait ainsi les moyens

de fortifier et d'agrandir nos établissements de la
Nouvelle-France, leur situation devenait chaque
jour plus désespérée. Ceci demande quelques ex-
plications prises de plus haut.

XV

Nous avons déjà dit comment une colonie anglaise avait été fondée dans la Virginie, en 1603, c'est-à-dire cinq ans avant notre arrivée dans le Canada. En 1715, les Hollandais vinrent également s'établir dans la Nouvelle-Belgique (depuis État de New-York), sur les frontières mêmes de nos possessions. Ce voisinage ne manqua point d'amener entre les deux nations une rivalité d'intérêts qui dégénéra bientôt en hostilité.

Suivant le prudent exemple donné par les Espagnols, nous avions jusqu'alors refusé de vendre

des armes à feu aux Indiens; le désir de nous nuire
fit oublier aux Hollandais leur propre sûreté; ils
fournirent des fusils et de la poudre aux *Mingwés*
(Irokois), contre lesquels nous avions pris parti.

Mais ce secours ne suffisait point pour sauver les
cinq nations. Une sorte de croisade s'était formée
contre elles. Obligées de combattre, outre les Hurons, dont nous nous étions faits les alliés, toutes
les tribus de la langue leni-lenape, elles devaient
infailliblement succomber si elles ne réussissaient
à désarmer ces dernières. Ce fut à quoi tendirent
tous leurs efforts.

Les Hollandais qui tenaient d'autant plus à la
conservation des *Mingwés*, qu'ils pouvaient en faire
à la fois une arme pour nous frapper et un bouclier
pour parer nos coups, les secondèrent de tout leur
pouvoir. Ils parvinrent à réunir les principaux
chefs de la langue leni-lenape, dans un lieu voisin
de celui où fut bâtie, plus tard, la ville d'Albany,
et à y ouvrir une conférence dans laquelle les Mingwés furent admis.

Ceux-ci avaient toujours passé, parmi les nations

« de la grande île, » pour des hommes durs, violents et uniquement amis de leurs intérêts, mais personne ne niait qu'ils ne sussent voir vite et loin dans les choses. Ils connaissaient la culture des terres, quelques arts grossiers, et la monogamie avait créé chez eux un esprit de famille plus compacte que chez les peuples de la langue leni-lenape, où la pluralité des femmes était permise, sinon générale. Au total, leurs cinq villages formaient la nationalité la mieux réglée de l'Amérique du Nord, et, tout en les haïssant, on avait une haute idée de leur intelligence.

Les orateurs qui devaient parler pour eux se présentèrent à l'assemblée avec une gravité triste. Ils commencèrent par un sombre tableau des désastres que la guerre avait déjà causés et de ceux que l'on devait en attendre. Toutes les nations avaient pris le *tomahican* et poussé le cri de mort; il ne restait plus nulle part de chemins ouverts ni de rivières libres; bientôt les mères n'auraient qu'à briser la tête des enfants sur la terre, afin de leur éviter les coups de l'ennemi. Toutes les nations rouges devaient infailliblement périr dans cette lutte acharnée, et la grande île deviendrait l'héritage des blancs !

Ces raisons firent une grande impression sur les chefs de la langue leni-lenape qui se trouvaient présents ; les orateurs mingwés s'en aperçurent, et rappelèrent alors la fonction accordée aux femmes de ramener la paix parmi les tribus en-nemies. Ici, la guerre allumée entre les deux grandes races de l'Amérique avait trop d'impor-tance pour pouvoir se terminer par les moyens ha-bituels, mais ils proposèrent un expédient imité de ce qu'avait établi la tradition, et qui consis-tait *à choisir un peuple puissant pour jouer le rôle de la femme.* Ils désignèrent à cet effet les deux plus importantes tribus de la langue leni-lenape, qui, se trouvant en même temps les plus voisines, étaient les seules dont ils eussent à craindre im-médiatement les coups. Ces tribus, connues des Européens sous les noms de *Mohingans* et de *De-lawares,* devaient ainsi, disaient-ils, acquérir le droit de s'interposer dans toutes les querelles des autres peuples. Elles deviendraient leurs arbitres, leurs conservateurs, et auraient, sur toute la race indienne, l'autorité accordée aux femmes chez ceux qui faisaient cette proposition.

Les *Delawares* et les *Mohingans* se laissèrent séduire par ce rôle honorable; ils acceptèrent. Des cérémonies dont le détail nous a été conservé[1], les investirent de leurs nouvelles fonctions. Ils déposèrent les armes, quittèrent le costume des guerriers, et s'adonnèrent à l'agriculture.

Les Mingwés parurent d'abord respecter le caractère sacré dont ils les avaient revêtus; ils voulaient les laisser prendre au sérieux ce rôle de femme et se déshabituer de la guerre, afin de pouvoir les exterminer ensuite plus sûrement.

Provisoirement, ils tournèrent leurs armes contre les Hurons et contre les Français.

---

1. Les femmes avaient la principale autorité chez les peuples de la langue *mingwée*, excepté au canton d'*Onnegouth*, où l'autorité était alternative entre les hommes et les femmes. (CHARLEVOIX, *Voyage dans la Nouvelle-France*.)

2. Heckewelder, ouvrage cité, p. 79.

Pour comble de disgràce, Buckingham réussit à brouiller les cours de Londres et de Versailles. Les Anglais, qui avaient excité les protestants de La Rochelle à se soulever, profitèrent des embarras que nous donnait cette révolte, et ruinèrent partout notre commerce maritime. Une escadre que commandait David Kerth, réfugié huguenot, rencontra les navires envoyés au Canada par la compagnie des cent associés, les attaqua, les prit, puis, remontant le Saint-Laurent, brûla le comptoir de Tadoussac et vint mettre le siége devant Kebec.

Champlain manquait de tout, non-seulement pour résister, mais pour vivre. Chacun de ses soldats ne recevait depuis longtemps que sept onces de pain par jour, et l'arsenal renfermait à peine cinq livres de poudre! Il fallut capituler.

XVI

Nos armes furent plus heureuses en Acadie. Depuis la destruction de Port-Royal et le départ de M. de Poutrincourt, il ne nous restait plus dans ce pays que trois comptoirs fortifiés appartenant au sieur de La Tour et à son fils. Ils se trouvaient placés au cap Sable et près des rivières Saint-Jean et Pentagoët. De La Tour père, qui était huguenot, ayant appris le siége de La Rochelle, alla proposer au gouvernement anglais de lui livrer l'Acadie.

Son offre fut acceptée, comme on le pense, avec empressement. Afin de se l'attacher plus sûrement, le roi lui fit même épouser une des dames d'honneur de la reine, et lui conféra l'ordre de la Jarretière. De La Tour mit ensuite à la voile avec deux navires et des troupes pour occuper les trois forts; mais lorsqu'il arriva à celui de Pentagoët, son fils refusa de recevoir les soldats anglais. En vain chercha-t-il à le séduire en lui montrant, comme récompense de sa trahison, la commission de gouverneur et le brevet de chevalier de la Jarretière, qu'il apportait pour lui : le jeune homme répondit froidement qu'il servait un maître capable de reconnaître sa fidélité [1], et que, lui vivant, le drapeau de France ne ferait point place à celui d'Angleterre. De La Tour, ne pouvant vaincre cette obstination d'honneur, fit attaquer le fort; mais les Anglais furent si vigoureusement repoussés dans trois assauts, qu'ils refusèrent d'en donner un quatrième et déclarèrent qu'ils voulaient retourner en Angleterre. De La Tour, désespéré, essaya vainement de les retenir en refusant de les suivre;

1. *Description de l'Amérique septentrionale*, par M. Denis.

ils se rembarquèrent dans le plus grand désordre, et le laissèrent, avec sa femme, au pouvoir de la garnison française.

A peine eurent-ils disparu, que le commandant de celle-ci sortit du fort, s'avança vers de La Tour tête nue, et ayant excusé sa désobéissance de fils par son devoir de sujet, il ajouta que, sauf l'entrée de la citadelle, son père pouvait tout exiger de lui. Pour le prouver, il ordonna sur-le-champ à ses ou-vriers de construire une grande case dans laquelle il fit apporter ce qu'il y avait de meilleur au fort, et où de La Tour vécut plusieurs années, traité par lui comme un père et comme un hôte.

XVII

Pendant que ces faits s'accomplissaient en Amérique, la paix était conclue en Europe. La compagnie des cent associés se prépara à profiter enfin de son privilége pour la colonisation de la Nouvelle-France.

Ce territoire se composait alors de quatre parties distinctes :

D'abord le Canada, limité au sud par les possessions anglaises et par la Nouvelle-Belgique (depuis

New-York), à l'est par le golfe Saint-Laurent et l'Acadie ; les limites du nord et de l'ouest n'étaient point connues ;

Secondement, l'Acadie, qui comprenait les deux côtés de la baie de Fundy, c'est-à-dire le pays appelé depuis New-Brunswick, et la presqu'île formant aujourd'hui la Nouvelle-Écosse ;

Troisièmement, l'île du cap Breton, au nord-est de l'Acadie ;

Enfin la grande île de Terre-Neuve, à l'entrée du golfe Saint-Laurent.

Ces deux dernières possessions n'étaient guère mentionnées que pour mémoire. Nous avions bien quelques petites pêcheries au cap Breton, mais san suite et sans consistance. Celles de Terre-Neuve étaient plus importantes. Les Français avaient formé un établissement en 1504 au cap Raze ; puis, plus tard, au port de Plaisance, tandis que les Anglais se fixaient sur la côte orientale de l'île (en 1608) ; mais la traite des fourrures, qui était le grand commerce de l'Amérique septentrionale, avait toujours fait tourner les yeux de préférence vers le continent. La compagnie des cent associés suivit l'exemple général ; elle ne s'occupa que du Canada et de l'Acadie.

Champlain fut renvoyé à Kébec avec ordre de rétablir les comptoirs de Tadoussac, des Trois-Rivières et de Montréal ; quant à l'Acadie, on la partagea entre M. le commandeur de Razilly, qui eut le Port-Royal et tout le pays qui s'étendait jusqu'aux colonies anglaises; le jeune de La Tour, dont la concession allait de Port-Royal à Campsceaux, et M. Denis, à qui appartenait la côte depuis Campsceaux jusqu'à Gaspé. Ces trois gouverneurs se trouvèrent, dès le premier jour, de la meilleure intelligence, et s'accordèrent réciproquement l'autorisation de former des établissements sur les terrains l'un de l'autre. Sans renoncer au commerce des pelleteries, ils employèrent les engagés qu'ils avaient fait venir de France à défricher les terres et à exploiter les forêts, en attendant qu'ils pussent établir des pêcheries sédentaires.

Ce dernier projet était surtout l'idée favorite du gouverneur Denis. Il avait calculé que, tout en cultivant une quantité de terre suffisante pour leur nourriture, les colons pourraient se livrer, sans frais et sans péril, à la pêche de la morue, qui abondait sur toute la côte. Une partie des navires basques, normands, bretons [1], qui venaient tous les ans au grand banc de Terre-Neuve, eussent ainsi trouvé, dans les ports de l'Acadie, des chargements à échanger contre les marchandises d'Europe, et il y eût eu profit pour tout le monde. Ce plan, dont la réussite assurait évidemment la prospérité de la colonie, trouva malheureusement des obstacles dont nous parlerons plus tard.

Le retour de Champlain à Kébec n'avait été signalé par aucun effort de colonisation; tout se bornait, comme par le passé, à un fort, à quelques cabanes, et à une vingtaine d'arpents de terre défrichée. Les autres postes avaient encore moins d'importance. La compagnie le savait et s'en inquiétait peu. Son privilége comprenait deux choses; le commerce exclusif des fourrures, c'était l'avantage;

1. Ces navires étaient au nombre de trois cents.

l'obligation de peupler le pays, c'était la charge. Elle fit comme les autres compagnies, elle tâcha de [se débarrasser de la charge en profitant de l'avantage.

XVIII

Malgré tout, le nom français était le plus connu
et le plus redouté parmi les Indiens. Nous n'avions,
comme la Virginie et la Nouvelle-Belgique, ni villes
fondées, ni populations établies, ni terres défri-
chées ; mais nous avions des hommes, et, grâce à
eux, notre influence gagnait de proche en proche.
L'activité suppléait au nombre. On sentait que nous
étions là à je ne sais quelle agitation imprimée aux
êtres et aux choses. Ces quelques cabanes, que personne n'eût osé appeler une colonie, c'était pourtant la France, faible, pauvre, presque invisible,

mais vivante, bien vivante, et l'on en avait deux preuves : la première, c'est que nos puissants voisins ne se trouvaient déjà plus en sûreté près de nos trois hameaux ; la seconde, c'est que les jésuites étaient arrivés à Kébec.

Leur premier acte d'établissement fut là, comme partout, la fondation d'une église et d'un collége. Ils avaient espéré y attirer les enfants des Indiens alliés ; mais ceux-ci refusèrent de les leur donner, en observant que les *robes noires* pouvaient venir dans leurs cabanes.

Les missionnaires n'hésitèrent pas. La société de Jésus était alors dans toute sa puissance, et cette puissance même exaltait le zèle de ses prêtres. Forts de la confiance que donne le succès, ils s'efforçaient de se surpasser en activité, en courage ; rien n'était difficile de ce qui pouvait augmenter le crédit de la compagnie. En échange de leur habileté, de leur patience, de leur vie même, ils ne demandaient qu'une chose : l'autorité ! C'était pour eux, non pas un cri de guerre, les jésuites ne poussaient point de cri, mais le mot d'ordre, l'engage-

ment sacré. *Pour la plus grande gloire de Dieu!*
avaient-ils écrit sur leurs livres, sur leurs écoles,
sur leurs temples, et ils se faisaient les instruments
de cette glorification en traitant l'humanité comme
le troupeau que le pasteur veille et conserve pour
l'honneur du maître. Curieux spectacle que celui de
tant d'hommes martyrs d'une règle en faveur de
laquelle on les voit lutter sans exaltation et mourir
humblement! Grand spectacle, si le but poursuivi
par toutes les voies avec cette ardeur laborieuse
n'eût été l'amoindrissement de l'âme humaine!

Nier les services partiels rendus par les jésuites
serait aussi injuste qu'inutile. Une association ne
peut rester longtemps puissante sans satisfaire à
certains besoins. On est fort pour mille motifs, mais
on ne dure que parce qu'on est bon à quelque
chose. L'intervention des jésuites fut certainement
favorable à notre premier établissement dans le
Canada. Plus tard, seulement, armés de leur utilité
constatée, ils essayèrent de tout envahir et devinrent un obstacle après avoir été un moyen.

XIX

La mort de Champlain laissa le gouvernement de
la Nouvelle-France à M. de Montmagny, que les
Hurons appelaient dans leur langue *Onontio* (Gran-
de-Montagne), nom qui fut ensuite conservé par
eux et les autres Indiens à tous ses successeurs.
Mais la colonie faisait peu de progrès. Les Mingwés,
fidèles à leur politique, divisaient partout leurs ennemis pour les exterminer plus sûrement. En paix
avec la grande cabane huronne, ils attaquaient
successivement chacune de ses tribus, sous prétexte

de querelles particulières, sans qu'elles songeassent à se réunir pour résister.

Tous nos avertissements étaient vains. Le hasard nous avait donné pour alliée la nation la plus spirituelle, la plus sympathique, mais, en même temps, la plus inconsistante de toute l'Amérique. C'était l'Athènes du désert, et, par malheur, elle avait aussi, près d'elle, son peuple de Lacédémoniens, patients dans la mauvaise fortune, implacables dans la bonne, et tirant également profit de la guerre et de la paix. Ainsi, tandis que les Mingwés multipliaient sourdement leurs expéditions isolées, enlevant chaque jour quelques chevelures à leurs ennemis, ceux-ci s'occupaient d'envoyer des ambassadeurs, de faire entendre leurs orateurs.

De loin en loin, pourtant, la rage les prenait à la vue de tant d'injures reçues. Les guerriers s'assemblaient *matachés* (tatoués) pour le combat, et chantaient leur chanson de guerre. On se mettait en marche avec la provision de *pemican*[1], les éten-

1. Viande séchée au soleil, pilée, et sur laquelle on a répandu de la graisse fondue; elle se conserve fort longtemps.

dards d'écorce marqués des signes de la nation, et le sac de jonc aux couleurs variées, renfermant les *okkis* des combattants; mais, le soir venu, on s'arrêtait sans avoir envoyé des coureurs reconnaître le pays, on campait derrière un treillis de branches, près duquel étaient placés les *okkis* pour seules sentinelles, et vers le point du jour, au moment où le sommeil était le plus profond, un cri perçant suivi de cent cris horribles retentissait au millieu des guerriers, qui se réveillaient sous le couteau des Mingwés.

Ces échecs, toujours dus à l'imprudence, ne corrigeaient point les vaincus, et fortifiaient la confiance des vainqueurs.

Ceux-ci avaient d'ailleurs deux avantages auxquels leurs ennemis ne pouvaient rien opposer, la réunion des cinq tribus dans cinq villages, qui pouvaient se prêter secours, et les armes à feu, que leur fournissaient en abondance nos voisins de la Virginie et de la Nouvelle-Belgique. Aussi quelques années leur suffirent-elles pour détruire les Algonkins, une des plus puissantes tribus de la langue leni-lenape ; un peu après, les *Éries* eurent le même sort. Quant aux *Awondates* (Hurons), la plupart quittèrent le pays, afin d'échapper à une ruine totale. Ceux qui s'étaient convertis au christianisme vinrent s'établir à quatre milles de Kébec, sur le bord septentrional du fleuve, dans un village bâti par le commandeur de Sillery. Les Mingwés les y bloquèrent, égorgeant tous ceux qui s'écartaient pour la chasse, et forçant les autres à mourir de faim.

On songea enfin à bâtir un fort sur la rivière dont ils se servaient pour descendre de leurs villages au Saint-Laurent, et que les auteurs du temps appellent tour à tour rivière de Sorel, de Richelieu ou des Irokois. Mais c'était un faible obstacle pour un pareil fléau.

XX

Un peu auparavant (1640), des particuliers avaient jeté les fondements de Montréal [1] ; quelques *Algonkins* échappés au massacre de leur nation, et convertis par les missionnaires, vinrent s'y établir quatre années plus tard.

Plusieurs tentatives de paix avaient été faites avec les Mingwés. Il y eut même, en 1645, puis en 1655, des suspensions d'armes, pendant les-

1. Le nom de Montréal lui vient d'une montagne voisine, appelée par Cartier *Mont-Royal*. Les actes les plus anciens appellent Montréal *Ville-Marie*.

quelles on vit les Irokois, les Algonkins et les Hurons chasser ensemble, comme des guerriers de la
même nation ; mais ces courtes trèves étaient
toujours rompues par une des tribus mingwées,
les *Mohauks* ou *Agniés*, qui avaient un intérêt particulier à entretenir les hostilités. Placés plus près
que les autres cantons de la Nouvelle-Belgique,
ils leur servaient, en effet, d'intermédiaires pour le
commerce avec les Hollandais, avantage qui eût
disparu si ces cantons avaient pu traiter directement avec la colonie française ; aussi poussaient-ils
sans cesse à la guerre, et comme ils étaient les plus
nombreux et les mieux armés, les autres tribus se
soumettaient à leur influence.

Presque tous les villages hurons furent successivement détruits par eux sans que nos gouverneurs
pussent s'y opposer, et ces malheureux, traqués
de toute part, perdirent enfin courage. Eux-mêmes
abdiquèrent leur titre de nation. La plupart des
familles qui avaient échappé jusqu'alors aux coups
des *mohauks* incendièrent leur cabanes et se dis-
persèrent, tandis que d'autres consentirent à de-

venir mingwées. M. de Lauson, qui commandait à l'île d'Orléans, près Kébec, servit d'intermédiaire pour une de ces adoptions. Les députés irokois y traitèrent leurs nouveaux frères, et les Français eux-mêmes, avec une hauteur menaçante.

— Rappelle-toi le passé, mon frère, dit l'un d'eux en s'adressant au chef huron : il y a déjà longtemps que tu m'as tendu les bras pour me prier de te conduire dans mon pays, mais toutes les fois que j'ai voulu le faire, tu t'es retiré ! C'est pour te punir de ton inconstance que je t'ai frappé de ma hache; crois-moi, ne me donne plus lieu de te traiter de la sorte. Lève-toi et suis-moi.

Puis, se tournant vers M. de Lauson, il ajouta :

— Onontio, lève tes bras et laisse aller les enfants que tu tiens pressés sur ton sein, car s'ils venaient à faire quelque faute, je pourrais, en voulant les châtier, faire arriver mes coups jusqu'à toi. Voici un collier que je te donne pour élargir tes bras [1].

---

1. Les Indiens de l'Amérique du Nord appuient toujours leurs discours par des présents, soit qu'ils forment une alliance, soit qu'ils sollicitent une grâce, soit qu'ils expriment simplement une

Le Huron répondit :

— Mon frère, je suis à toi ; je me jette les yeux fermés dans tes canots, résolu à tout, même à mourir. Mais je veux d'abord aller seul avec ma cabane, je ne souffrirai pas que d'autres s'embarquent avec moi ; il faut qu'on voie auparavant comment tu me traiteras [1].

L'événement justifia la défiance du chef *awandate*, qui, à peine arrivé dans les villages irokois, fut massacré avec tous les siens. Peut-être aussi avait-on voulu punir son hésitation, car d'autres familles huronnes qui avaient également eu recours à l'adoption furent respectées.

proposition. Le présent a pour but de rappeler ce qu'ils disent, de donner une expression visible à leurs paroles. Les colliers dont il est ici question sont des bandes de cuir sur lesquelles les Indiens fixaient des morceaux d'un certain coquillage, amenés par le frottement à une forme à peu près sphérique.

1. Charlevoix, *Histoire de la Nouvelle-France*, livre VII, p. 331.

X X I

Pendant que la Nouvelle-France languissait ainsi,
les colonies anglaises, favorisées par leur position,
la richesse des émigrants et la nécessité de cultiver
les terres, voyaient croître chaque jour leur prospérité. Après l'établissement dans la Virginie, était
venu, en 1621, celui des puritains dans l'État de
New-Plymouth, depuis Nouvelle-Angleterre. Un peu
plus tard, en 1631, les catholiques, persécutés à
leur tour, obtinrent, par l'entremise de lord Balti-
more, l'autorisation de venir coloniser le Mary-
land.

L'Acadie elle-même passait insensiblement aux mains des Anglais. M. de Razilly était mort : M. d'Aulnay de Charnizé, son successeur, rompit la bonne harmonie qui avait jusqu'alors fait la force des trois gouverneurs; il profita de l'absence du sieur de La Tour fils pour attaquer son fort de la rivière Saint-Jean. Madame de La Tour le défendit trois jours; mais le quatrième, pendant que la garnison épuisée se reposait, un Suisse, laissé de garde, ouvrit la porte au sieur d'Aulnay, qui fit pendre tous les assiégés, et força madame de La Tour à voir leur supplice la corde au cou.

Le vainqueur profita peu de sa conquête. Exproprié par arrêt du Parlement, il fut obligé de céder la place à un de ses créanciers, nommé Le Borgne, qui débuta par la destruction et le pillage des établissements du sieur Denis. Celui-ci se plaignit en France; mais les affaires de la compagnie étaient dans un tel état de désordre, qu'elle-même ne savait point de quoi se composait le territoire de ses gouverneurs. On allait jusqu'à lui persuader *que le cap Campsceaux était au cap Saint-Louis!* Le

Borgne, débarrassé de Denis, qu'il avait renvoyé en France les fers aux pieds, se retourna vers de La Tour fils, dont il voulait également se défaire. Les Anglais ne lui en laissèrent pas le temps. Ils vinrent l'attaquer, et le forcèrent à une capitulation qui ne fut point respectée, dit un contemporain, « parce que la lâcheté des vaincus, autorisait le mépris des victorieux [1]. »

Ceux-ci occupèrent ensuite successivement les forts de Saint-Jean de Pentagoët, de Port-Royal, de la Hève, qu'ils gardèrent jusqu'au traité de Breda.

1. Denis, ouvrage cité.

XXII

Au milieu de ces désastres, les jésuites continuaient leurs missions et voyaient grandir leur influence. Grâce à eux, les Ursulines et les sœurs
hospitalières avaient été appelées, dès 1639, à
Kébec, où le gouverneur les reçut à la tête des mi-
lices et au bruit du canon. Les premières habi-
tèrent la ville même et s'y occupèrent de l'éducation des jeunes filles ; les secondes allèrent s'établir
à Sillery, dans un hôpital tellement dépourvu de

tout, que « les habitants de Kébec étaient obligés de prêter leurs lits pour que l'on pût coucher les malades. »

Un seul événement ébranla la domination des jésuites dans le Canada; ce fut la concession de l'île de Montréal aux sulpiciens, qui vinrent y établir un séminaire (1639). La société tâcha de reprendre l'avantage, en faisant créer un évêché à Kébec pour François de Laval, qui lui était tout dévoué (1659). Jusqu'alors les évêques de Rouen, de Nantes, de La Rochelle, avaient prétendu que la Nouvelle-France devait être regardée comme une annexe de leur diocèse. Celui de Rouen y avait même envoyé, en 1657, un grand-vicaire que le clergé canadien refusa de reconnaître.

Le nouveau prélat amena de France avec lui un certain nombre de curés, qui furent distribués dans la colonie, et fonda à Kébec un séminaire pour en former d'autres. Les colons payaient la dîme [1] à ce

____

1. Les dîmes furent d'abord du treizième, puis, sur les réclamations des colons, on les réduisit au vingt-sixième.

séminaire, qui faisait ensuite la répartition. Les curés du territoire de Montréal étaient soumis à l'autorité sulpicienne, les autres à l'autorité de l'évêque ; tous étaient également amovibles et n'exerçaient leur ministère que parmi les Européens. Les missions chez les Indiens avaient été réservées aux récolets et surtout aux jésuites, qui avaient acquis une véritable importance politique. Eux seuls, pouvaient, en effet, par leur position, avertir les gouverneurs des projets de chaque tribu, nous concilier leur amitié, servir d'intermédiaires et d'interprètes pour les alliances.

Malheureusement, leurs missions chez les Irokois avaient toujours été sans succès. Les cinq nations semblaient en proie à une fièvre de destruction. Toujours en campagne, elles allaient de peuplade en peuplade, brûlant, pillant, tuant sans relâche. Les populations terrifiées fuyaient par troupes vers l'ouest, comme des bandes de buffles que poursuivent les chasseurs. Notre voisinage n'était plus une défense. Des Hurons avaient été égorgés sous le canon même de Kébec. Sept cents Irokois tenaient

Montréal assiégé. Les Ursulines et les hospitalières quittaient chaque nuit leurs couvents pour venir passer la nuit aux forts. Les rives du fleuve, de Montréal à Tadoussac, étaient parsemées de cadavres, près desquels avaient été déposés des tomahikans, prouvant que les meurtriers appartenaient à l'une des cinq nations [1] ; les arbres de tous les passages étaient couverts d'inscriptions symboliques taillées dans l'écorce, pour rappeler quelques exploits des Mingwés [2] et représentant de grossières figures de guerriers que leur attitude faisait reconnaître pour français [3], les unes sans tête, les autres armés du *chi chi koué* [4] que portent les captifs. Aussi les colons n'osaient-ils s'éloigner des forts pour rentrer la récolte. Il en résulta une disette, puis des maladies.

1. Les guerriers Indiens, déposent, par bravade, près de l'ennemi qu'ils ont tué, un *tomahikan* sur lequel est gravé le signe de leur tribu.

2. Les Indiens ont une sorte d'écriture en rébus au moyen de laquelle ils constatent leurs actions de chasse ou de guerre.

3. Ils représentaient les Français par des figures de guerriers, les poings sur les hanches.

4. Calebasse pleine de cailloux.

Les *Irokois Onontaywés* avaient paru devant Montréal ; le major de la ville sortit à la tête d'une petite troupe de soldats, qui furent surpris et égorgés
jusqu'au dernier.

XXIII

La terre, les eaux, le ciel, étaient également pleins
de troubles et de menaces? Une couronne de feu
s'était montrée au-dessus de Tadoussac; aux Trois-
Rivières on avait entendu des voix sinistres et mys-
térieuses; pendant l'automne de 1663, on vit une
vapeur s'élever sur le Saint-Laurent, et trois soleils
en sortir à la fois[1]. Enfin le 5 février de la même

1. « Le 7 janvier 1863, une vapeur s'éleva sur le Saint-Laurent; elle fut frappée des premiers rayons du soleil et devint
transparente, mais elle avait assez de corps pour soutenir deux
parélies qui parurent à côté de l'astre : ce spectacle dura deux
heures. » (CHARLEVOIX, *Histoire de la Nouvelle-France*, vol. I,
p. 369.

année, vers le milieu du jour, les habitants de Kébec entendirent tout à coup comme le bruit d'un
torrent de flamme. Ils s'élancèrent dans la rue, effrayés. Presque au même instant la terre chancela
sous leurs pieds, des rugissements profonds reten-
tirent, une poussière épaisse remplit l'air, les maisons se balancèrent comme des arbres que plie le
vent, et les cloches des églises se mirent à sonner
d'elles-mêmes.

Les colons voulurent fuir dans la campagne ; mais
partout s'ouvraient des précipices. Les montagnes
déracinées roulaient dans les lacs : les glaces, brisées
par la secousse, étaient lancées dans l'air ; les eaux
des rivières prenaient une couleur de soufre ou de
sang ; celles du Saint-Laurent devinrent blanches de
Tadoussac à Kébec. Des vapeurs lumineuses, semblables à des fantômes, erraient dans l'obscurité ;
une flamme d'une lieue de long arriva du nord,
traversa le fleuve, et alla s'éteindre sur l'île d'Orléans. On entendait mille rumeurs terribles et mélangées ; rugissements de mer furieuse, bruits de
chars roulant, éclats de tonnerre. Quelques colons

crurent mêmes reconnaître le cri de guerre des Irokois. Du fond des forêts s'élevaient les hurlements
des bêtes fauves, auxquels répondait, dans le
fleuve, le mugissement des marsouins et des vaches
marines.

Le bouleversement embrassa une étendue de trois
cents lieues de l'est à l'ouest, et de cent cinquante
lieues du midi au nord. Il dura six mois. Hors le
temps des grandes secousses, on sentait comme un
mouvement de pouls intermittent avec des redou-
blements inégaux. L'effroi dépassa tout ce que l'on
peut imaginer. On se confessait publiquement et
tout haut; les plus endurcis se convertissaient. On
entendait des voix crier sans cesse que les siècles
étaient consommés, et que Dieu allait juger les vivants et les morts. L'événement démentit pourtant
ces craintes, et ce que la colonie avait regardé
comme l'annonce de sa destruction, sembla, au contraire, ouvrir pour elle une époque de force et de
prospérité.

La paix de Breda venait d'être conclue. La compagnie des cent associés, qui n'avait rempli aucune

des conditions imposées par les lettres-patentes, re-
nonça à ses droits sur la Nouvelle-France, et le roi
l'ajouta aux concessions que venait d'obtenir la
compagnie des Indes-Occidentales.

M. de Tracy, nommé vice-roi de nos possessions
dans l'Amérique, arriva à Kébec avec une partie du
régiment de Carignan-Salières, des colons, des engagés, et les premiers chevaux qui eussent été vus
dans la Nouvelle-France.

Cette arrivée commence une ère nouvelle pour le
Canada. C'est réellement à partir de ce jour que notre
établissement devient une colonie. Des concessions
de terre furent faites sous le titre de seigneuries ; on
commença à défricher, à bâtir des villages. L'administration et la justice furent régulièrement organi-
sées ; on confia la première à un intendant, la seconde à un tribunal composé du gouverneur, de
l'évêque, de l'intendant, de quatre conseillers ré-
vocables, d'un procureur-général et d'un greffier
en chef. Il y eut en outre trois tribunaux subal-
ternes. La coutume de Paris servit de code. Les
notaires, huissiers et sergents, furent appointés,

le casuel ne suffisant pas pour les faire vivre.

Mais pendant que ces changements avaient lieu dans la colonie, il s'en accomplissait un autre moins heureux sur ses frontières ; la Nouvelle-Belgique venait de passer aux mains de l'Angleterre et avait pris le nom de Nouvelle-York. A l'hostilité molle et vacillante des Hollandais allait donc succéder la rivalité anglaise, énergique, tenace, infatigable. Jusqu'alors nous n'avions eu pour voisins que des concurrents, maintenant nous avions des ennemis.

LIVRE QUATRIÈME

MISSIONNAIRES ET VOYAGEURS

LAS CASAS

I

Ce fut le 3 mai 1493 que le pape Alexandre VI (un Borgia), sollicité par Ferdinand et Isabelle, déclara « qu'il tirait une ligne d'un pôle à l'autre et donnait aux Espagnols tous les pays qui se trouvaient à cent lieues des Açores vers l'Occident, » ajoutant que ces terres devaient justement leur appartenir « puisqu'ils les avaient découvertes, qu'elles étaient habitées par des barbares, *et pleines d'or et de choses aromatiques* [1]. »

Ce dernier motif était, en effet, suffisant pour que les Castillans se regardassent comme légitimes propriétaires du monde que Colomb leur avait acquis récemment au prix de 17,000 écus. La guerre contre les Mores, qui venait précisément de se terminer, laissait sans occupation une foule d'aventuriers habitués, comme disaient les vieux *romanceros*, « à se servir de leurs épées en guise de faucilles et à vivre des vaincus. » Il fallait trouver un nouveau champ qu'ils pussent moissonner : on leur livra l'Amérique. Et comme si ce n'était point assez de cette irruption de bandouliers, on y joignit tout ce que les prisons d'Espagne renfermaient de criminels condamnés au bannissement, aux mines [2], ou même à la peine capitale, avec ordre d'en faire des colons après un an ou deux de travail forcé.

Tout le monde sait quels furent les résultats de

1. Herrera, 1ʳᵉ décade, p. 110.
2. Ordonnance du 22 juin 1496.

la prise de possession du Nouveau-Monde par cette armée de bandits et de forçats. Quinze millions d'Indiens périrent ; et telle fut la rage aveugle des conquérants, que dix années leur suffirent pour transformer en solitude des pays qu'un historien du temps compare à des jardins et à des ruches d'abeilles[1].

Du reste, le motif invoqué pour justifier de pareils ravages est toujours le même : l'intérêt religieux! Chaque époque a sa grande préoccupation qui aide les bons à faire de nobles choses et les méchants ou les fous à en accomplir d'infâmes : sous Louis XIV, c'est le sentiment de l'unité politique ; pendant notre révolution, l'esprit d'égalité ; au XVIe siècle, le salut des âmes. Ce dernier mot servit pour ainsi dire de cri de guerre contre les Indiens. On s'était emparé de leurs terres, et l'on avait accordé à chaque Espagnol un certain nombre de souches de manioc ; mais il fallait des mains pour les cultiver ; les docteurs déclarèrent

1. Las Casas, p. 27.

en conséquence que l'on devait se rendre maître
des Indiens dans l'intérêt de leur salut et les partager entre les Espagnols, afin que ceux-ci qui,
pour la plupart, « ne savaient ni le *Credo* ni les
dix commandements, » prissent soin de les instruire dans les mystères de la religion catholique[1]. La loi régla elle-même la manière dont
ce partage devait se faire : pour un officier, cent
Indiens ; pour un cavalier avec sa femme, quatre
vingts ; pour un laboureur marié, trente. L'agent
chargé de faire la distribution remettait à chaque
patron un brevet ainsi conçu : « Moi, distributeur
des caciques et Indiens pour le roi et la reine,
je te commets à toi... *tel* cacique avec *tant* de
personnes que je te recommande d'employer dans
les labourages, les mines et les ménageries, ainsi
que Leurs Altesses l'ordonnent..., t'avertissant que,
si tu ne suis les ordonnances, les Indiens te seront
ôtés, et que le mal que tu leur auras fait tombera à
la charge de ta conscience et non à celle de Leurs
Altesses. »

1. Herrera, 1re décade, p. 376.

II

Or, veut-on savoir ce que renfermaient ces ordonnances protectrices des Indiens? Elles pres-
crivaient de leur enseigner la religion catholique,
de les empêcher de se peindre le corps, de se pur-
ger, et exigeaient que l'on payât leur travail à raison de 3 *blancas* par jour [1] ; ce qui leur produisait
au bout de l'année, dit Las Casas, « de quoi acheter
un peigne, un miroir et un chapelet de pate-

1. Ces 3 *blancas* faisaient 225 maravédis, ou environ 2 fr.
50 cent. par an.

nôtres vertes ou bleues. » Plus tard, on ajouta à ces dispositions un article qui défendait de faire travailler les Indiens *plus de cinq mois de suite* et de leur faire porter des fardeaux, *les bêtes de somme s'étant suffisamment multipliées* [1]. Enfin, en 1506, on établit pour eux « un maître d'école chargé de leur lire la grammaire castillane, et l'on prohiba l'importation des livres impies qui auraient pu les corrompre. Il est bien entendu que le seul article sérieux de cette ordonnance, celui qui réglait la durée du travail, ne fut jamais observé. Une fois pourvu de son *département* d'Indiens (c'était le mot adopté), le maître ne songeait qu'à en tirer un profit immédiat, et ceux-là morts, il en demandait d'autres au distributeur. Si cet officier se montrait trop sévère, le poison ou le poignard en faisaient raison [2].

Cette consommation immodérée d'esclaves ne tarda pas à dépeupler les lieux où les *reparti-*

---

1. Herreda, 1re décade, p. 682.

2. Le distributeur Ybarra fut empoisonné en 1515, parce que, selon Herrera, *c'était un homme trop impartial.*

mentos avaient été institués; mais on obtint alors du roi la permission d'aller en chercher ailleurs « pour les instruire en la foi et aux coutumes politiques[1]. » Étrange hypocrisie que nous voyons se continuer pendant trois siècles, et grâce à laquelle toutes les passions infâmes sont justifiées, sanctifiées! Les trahisons, les vols, les massacres se font au nom du Christ. On pend douze Indiens à un gibet, en mémoire des douze apôtres; puis, se ravisant, on en pend un treizième afin de ne pas mécontenter Judas.

Cependant, hâtons-nous de le dire pour l'honneur de l'Espagne au xvi° siècle, ces actes horribles ne s'accomplirent point sans éveiller d'énergiques protestations. Un ordre religieux surtout, celui des dominicains, se signala par sa résistance aux prétentions des *conquistadores*. Ses missionnaires, établis à Hispaniola en 1510, s'efforcèrent, dès les premiers jours, de rappeler les colons aux sentiments de la charité chrétienne. Ils allèrent même

---

1. Herrera, 1re décade, p. 479.

jusqu'à prêcher contre les *repartimentos* et jusqu'à refuser les sacrements aux Espagnols qui retenaient des Indiens en servitude [1]. On s'en plaignit au roi, qui déclara, d'après l'avis de son conseil privé, que les *repartimentos* étaient chose légitime, et que, s'il y avait péché dans cette mesure, lui et son conseil le prenaient sur leur conscience. Les dominicains n'en continuèrent pas moins à condamner l'esclavage des Indiens; « mais comme ils étaient pauvres, dit Herrera, ils firent assez peu de bruit. » Il fallait, pour soutenir cette cause désespérée, un homme à volonté héroïque, auquel les obstacles, loin d'être une cause d'arrêt, pussent donner de l'élan; une de ces natures à la fois vives et persévérantes, qui demeurent toujours les mêmes en se renouvelant toujours.

1. Oviedo, lib. II, cap. vi, p. 97.

III

Or, ce défenseur prédestiné des Indiens se trouvait précisément à Hispaniola. C'était un prêtre nommé Barthélemy de Las Casas.

Sa famille était originaire de France et la même que celle de ce seigneur de Belvèze, que l'on appelait *le vrai chevalier* [1]. Son père, qui avait suivi Christophe Colomb dans son premier voyage, le conduisit à Hispaniola dès l'âge de dix-huit ans. Le jeune Barthélemy, frappé de la douceur des

1. Paul de Las Casas, seigneur de Belvèze en Languedoc.

naturels de l'île, voulut travailler à leur conversion, et retourna en Espagne pour se faire ordonner prêtre. Mais lorsqu'il revint, les partages d'Indiens avaient eu lieu, et là où il avait laissé un peuple libre, il ne trouva plus que des esclaves.

Ému d'une profonde pitié, il commença par s'associer aux efforts des dominicains, en prêchant la patience aux oppressés et la justice aux maîtres. Ce fut peine inutile pour ces derniers; l'avarice les empêchait d'entendre. Non contents d'employer les Indiens aux travaux les plus pénibles, ils leur refusaient la nourriture, si bien que les routes étaient couvertes de malheureux qui mouraient en répétant : *faim! faim!* seul mot espagnol qu'ils eussent appris à prononcer. Ceux même qui s'é-taient convertis au christianisme n'étaient pas mieux traités. On venait les arracher aux offices pour leur faire porter des fardeaux. Las Casas s'en plaignit vivement aux officiers royaux : il déclara que participer à de tels actes ou même les tolérer, c'était se montrer mauvais chrétiens. Mais les offi-ciers se récrièrent avec indignation. Eux mauvais chrétiens, quand ils avaient fait brûler vifs des sauvages pour le seul crime d'avoir enterré des images pieuses ; quand ils s'étaient opposés, selon l'ordonnance des rois d'Espagne, à l'introduction de tout juif ou de tout converti dans les colonies du Nouveau-Monde ; quand ils avaient eu soin de faire venir de Castille des cloches pour les églises, du vin pour le saint sacrifice, et jusqu'à des fers pour la fabrication des hosties ! Les mauvais chrétiens n'étaient-ils pas plutôt ceux qui, comme le jeune prêtre, prenaient le parti des idolâtres contre les fidèles ?

Las Casas comprit qu'il n'y avait rien à répondre à de tels hommes, et surtout rien à espérer d'eux. Il se décida donc à prendre lui-même l'initiative de la réforme qu'il désirait, en se posant, de son autorité privée, comme intermédiaire entre les *conquistadores* et les Indiens. On appelait alors *conquistadores* tous les aventuriers qui avaient pu réunir une troupe et obtenir une commission du roi d'Espagne pour soumettre une île, un royaume ou une province. Eux-mêmes s'étaient donné ce nom épique derriére lequel ils cachaient leurs guenilles et leurs brigandages.

Leur méthode pour ces conquêtes mérite, au reste, d'être signalée. — Le gouvernement espagnol, formaliste comme devait l'être un gouvernement de théologiens, avait décidé que toute attaque contre les peuplades indiennes, pour rester légitime, devait être précédée d'une sommation. Il avait fait plus : se défiant sans doute des capacités religieuses et littéraires de ses *conquistadores*, il s'était chargé lui-même de rédiger cet appel aux idolâtres en des termes d'une naïveté terrible :

« Moi... (ici se mettait le nom du *conquistador*), serviteur des très-hauts et très-puissants rois de Castille et de Léon, dompteur des peuples barbares, son messager et capitaine, vous notifie et fais savoir, *en tant qu'il se peut*, que Dieu notre Seigneur, un et universel, créa le ciel et la terre, et un homme et une femme, desquels vous et nous, et tous les hommes du monde, ont été procréés.

» Et Dieu, notre Seigneur, accorda à l'un d'eux, qui fut appelé saint Pierre, la souveraineté sur les hommes, chrétiens, mores, juifs, gentils : on lui donna le nom de pape, qui veut dire grand et admirable, père et gardien...

» L'un de ces pontifes qui ont vécu ci-devant, comme seigneurs du monde, fit donation de ces îles et terre ferme de la mer Océane aux rois de Castille... Et comme les seigneurs de cette terre et de ces îles, où ces choses ont été notifiées, ont reconnu sa majesté catholique pour roi et se sont faits chrétiens, ainsi, vous autres, êtes tenus et obligés de faire la même chose.

» Si vous reconnaissez l'Église pour dame et maîtresse, et le souverain-pontife appelé pape, en son nom, et Sa Majesté en sa place, si vous consentez que des religieux vous déclarent et prêchent ce qui est spécifié ci-dessus, vous ferez bien, et Sa Majesté et moi nous vous recevrons avec tout amour et charité; nous vous laisserons, vous, vos femmes et vos enfants, exempts de servitude, et, outre cela, Sa Majesté vous accordera plusieurs priviléges et exemptions; mais si, au contraire, *par malice*, vous apportiez du retardement en l'exécution, je vous promets qu'avec l'aide de Dieu, je vous ferai une guerre à outrance. Je prendrai vos femmes et vos enfants, je les vendrai et j'en disposerai comme Sa Majesté l'ordonnera ; je vous retirerai vos biens et vous ferai tous les maux imaginables. Et je proteste que les morts et les malheurs qui en résulteront procéderont de votre faute et non de celle du roi, ni de la nôtre, ni de celle des seigneurs qui sont avec moi [1]. »

Telle était la substance de cette curieuse sommation délibérée par les docteurs en droit canon! Comme on le voit, tout y avait été prévu, jusqu'à l'étymologie du mot pape, qui *veut dire grand et admirable!* Après avoir proposé aux barbares de reconnaître pour maîtresse l'Église, et *le souverain-pontife en son nom, et le roi à sa place,* on les menaçait, en cas de refus, de les exterminer *avec l'aide de Dieu,* ajoutant encore que le sang versé *serait à leur charge* et non à celle des seigneurs qui le feraient couler.

---

1. Herrera, 1ʳᵉ décade, p. 526.

Quant aux moyens de notifier cette menaçante requête, la plus grande latitude est laissée, comme nous l'avons vu, aux *conquistadores*. Ils doivent seulement la faire connaître aux Indiens *en tant qu'il se peut*, c'est-à-dire en tant qu'il leur plaît. Aussi la plupart avaient-ils recours à un procédé fort ingénieux indiqué par Las Casas dans son histoire : « Ils se rendaient de nuit, dit-il, près d'une ville indienne, et, s'arrêtant à une demi-lieue, leur héraut criait une proclamation par laquelle ils faisaient savoir aux caciques et Indiens qu'il y avait un Dieu, un pape, un roi de Castille, et qu'ils eussent à les reconnaître pour seigneurs. Cette sommation se répétait quatre fois, et comme, après la dernière, les pauvres innocents ne répondaient rien, on fondait sur eux pour les détruire [1]. »

Ce fut pour prévenir autant qu'il le pourrait ces iniques violences que Las Casas se rendit à Cuba, dont Narvaës voulait tenter l'exploration. Il espérait, en se plaçant, comme nous l'avons dit, entre

[1]. Las Casas, p. 39.

les vainqueurs et les vaincus, réduire la conquête à une sorte de capitulation pacifique. L'autorité de son nom s'était déjà répandue au loin parmi les Indiens; les accusations même de ses ennemis avaient servi à le rendre populaire. Les mères instruisaient leurs enfants à prononcer ce nom ami et venaient d'elles-mêmes les offrir au saint missionnaire pour qu'il les baptisât. Toutes croyaient à la religion justifiée par tant de bonnes œuvres, et disaient naïvement :

— Ah! pourquoi le Dieu de Las Casas n'est-il pas aussi puissant que celui des Espagnols ?

IV

Narvaës s'était rendu à Cuba avec une troupe de
soldats aguerris et *bien en point*, comme on disait
alors. Ils portaient tous des jaquettes de coton pi-
qué, à l'épreuve des flèches, et étaient, pour la plupart, armés d'*espingardines* [1]. C'est dire qu'ils sou-
haitaient la lutte plus qu'ils ne la redoutaient.
Narvaës avait entrepris, on le sait, de parcourir
Cuba, où il espérait trouver de l'or et dont on vantait tellement la fertilité, que des aventuriers pré-

1. Sortes d'arquebuses.

tendaient y avoir vu une vigne *qui couvrait deux cent trente lieues de terrain !* Las Casas se chargea de procurer aux Espagnols, de la part des sauvages, les secours nécessaires pour cette expédition, à condition qu'ils s'abstiendraient de toute hostilité. Narvaës lui en fit la promesse. Alors le missionnaire expédia en avant un Indien, qui, tenant un papier au bout d'une baguette, répétait dans tous les villages que ce papier venait de Las Casas et qu'il recommandait trois choses : de préparer des vivres, de laisser la moitié des cabanes libres pour les Espagnols, et de réunir des enfants pour être baptisés; ce qui s'exécutait aussitôt partout sans résistance, à la grande surprise de Narvaës et de ses troupes, qui ne comprenaient pas que l'on pût ainsi se faire obéir *avec de vieux papiers* [1].

Pendant le voyage, on apprit que les Indiens de la province de *Havana*, située à cent lieues de l'endroit où l'on se trouvait, retenaient deux femmes espagnoles. Las Casas envoya des messagers

1. Herrera, 1ᵉ décade, p. 694.

pour les réclamer, et l'on vit bientôt arriver au camp les prisonnières, dont l'une était jeune, fort belle, et seulement vêtue de quelques feuilles; « si bien qu'à la regarder, dit Herrera, tous les soldats se crurent un instant dans le paradis terrestre.

Mais, quelle que fût la bonne volonté des Indiens, les Espagnols ne tardèrent pas à reprendre leurs habitudes violentes. Un jour que tout un village était venu à leur rencontre, apportant du maïs et des fruits, un soldat, mécontent de la manière dont ces malheureux le regardaient, tira son épée, ses compagnons l'imitèrent, et tous fondirent à la fois sur cette foule désarmée, qu'ils égorgèrent! De tels actes seraient impossibles à croire, s'ils n'étaient rapportés par un témoin oculaire et par le partial Herrera lui-même, qui appelle cette tuerie « un *désordre* occasionné par la *témérité* d'un soldat. »

V

Cependant Las Casas avait commencé d'établir une habitation à Cuba et accepté un *département* de sauvages qu'il espérait soustraire ainsi à des maîtres plus durs; mais s'étant rendu à la Jamaïque, l'année suivante (1514), pour acheter du maïs et des troupeaux, il y rencontra son ami La Renteria, et, après s'être consultés, tous deux tombèrent d'accord qu'ils ne pouvaient continuer à tenir des Indiens en servitude sans violer la règle qu'ils prêchaient aux autres [1]. En conséquence, ils rendi-

1. Davila, p. 303-4.

rent tous ceux qui leur avaient été livrés, déclarant que la loi qui avait proclamé l'égalité humaine ne permettait pas à un chrétien de posséder un autre chrétien fait comme lui à l'image de Dieu et racheté par le sang de Jésus. Ils convinrent en outre que La Renteria resterait en Amérique pour surveiller les habitations, tandis que son ami irait avec le vicaire des dominicains solliciter en Espagne le titre de *défenseurs des Indiens*.

Ce voyage marque une nouvelle phase dans la carrière de Las Casas. C'est à partir de ce moment que commencent réellement pour lui la vie•publique et la grande bataille.

Jusqu'alors il ne s'était guère mêlé aux affaires qu'à titre de prêtre, c'est-à-dire sans autre autorité que celle qu'on voulait bien lui laisser prendre. Libre de tout dire, il n'avait eu le pouvoir de rien faire ni de rien empêcher; mais son énergie s'était fortifiée dans cette lutte inégale, et la pratique lui avait appris que la victoire définitive était en général une affaire de ténacité.

Il y a d'ailleurs dans toute existence un moment

particulièrement favorable où l'homme, armé à la fois de toutes ses forces, de toute son expérience, de toute son autorité, prend définitivement sa place et commence la récolte de sa jeunesse et de sa virilité. Las Casas se trouvait précisément arrivé à ce moment : il avait atteint sa quarantième année, c'est-à-dire un âge où l'on peut, comme le Janus antique, regarder en même temps dans le passé et dans l'avenir. Jeune encore par la volonté, déjà vieux par la connaissance des hommes et des choses, jouissant d'une renommée qui l'exemptait même de se défendre, protégé enfin par cette robe de prêtre, la plus sûre des armures, il réunissait en lui tous les dons *acquis* dont un homme pouvait se servir alors pour le triomphe d'une cause.

Quant aux dons *naturels*, ils n'étaient ni moins riches ni moins nombreux. A la vivacité toute française qui décelait son origine, Las Casas joignait une sensibilité communicative, une grâce passionnée, qu'un contemporain s'est efforcé de faire comprendre en disant qu'il était *persuasif et violent.* Son éloquence, pleine de foudres et de caresses, a, en effet, un caractère particulier que l'on ne trouve chez aucun autre. Il dénonce les crimes, il nomme les coupables, il les déclare infâmes, et cependant il n'y a point de haine dans ses malédictions. Sa colère est sans venin; il ressemble moins à un vengeur qui frappe qu'à un chirurgien qui sonde des blessures. Après l'avoir écouté, ce n'est point aux bourreaux que l'on pense, mais à leurs victimes, et la pitié l'emporte sur l'indignation.

VI

Tel était l'homme qui arrivait en Espagne pour plaider la cause des Indiens.

Aussitôt qu'il fut débarqué, il se rendit à Placencia, où se trouvait le roi, se fit présenter, et exposa le motif de son voyage. Après avoir longuement raconté les ravages des *conquistadores*, qui traitaient le Nouveau-Monde « comme une moisson que l'on coupe et que l'on enlève pour n'y plus revenir, » et s'être élevé contre les partages d'Indiens, qui étaient la source de tout le mal,

il supplia Sa Majesté de supprimer cette coutume
barbare, ajoutant qu'après l'avoir avertie, il *mettait le tout à la charge de sa conscience.* Le roi,
qui était déjà malade, fut effrayé; il répondit
qu'il aviserait, et assigna au missionnaire un rendez-vous à Séville; mais il mourut dans l'inter-
valle, laissant toutes les affaires des Indes aux
mains de don François Ximenès.

Cependant, les officiers de la cour, qui craignaient
d'autant plus la suppression des partages d'Indiens
que la plupart en avaient obtenu un grand nombre
qu'ils revendaient ou exploitaient au moyen d'in-
tendants, multipliaient les intrigues afin de faire
repousser les demandes de Las Casas. Celui-ci s'en
aperçut sans s'en inquiéter. Toujours en sollicita-
tion près des puissants, faisant respecter en lui
l'homme au moyen du prêtre, et faisant aimer le
prêtre au moyen de l'homme, il réussit à se former
un parti et à ébranler Ximenès lui-même, qui
avoua *qu'il y avait quelque chose à faire* [1].

____

1. Herrera, 2ᵉ décade, p. 71.

Seulement, comme les ennemis de Las Casas l'accusaient d'exagération, le cardinal voulut envoyer en Amérique des commissaires chargés de vérifier les faits. Les dominicains et les franciscains sollicitèrent cette mission; mais les premiers étaient trop amis, les seconds trop ennemis des Indiens pour qu'on pût la leur confier. Ximenès choisit donc trois religieux hiéronymites, auxquels il accorda les pouvoirs les plus étendus. Las Casas, qui avait reçu le titre de *protecteur universel des Indiens*, devait s'embarquer avec eux; mais, lorsqu'il se présenta au vaisseau qui les emmenait, le capitaine refusa de le recevoir, « à cause de *ses partialités pour les sauvages* [1], » et Las Casas dut attendre le départ d'un autre navire.

Il rejoignit enfin à Hispaniola les hiéronymites, qu'il trouva fort embarrassés de la responsabilité qu'ils avaient acceptée, et cherchant des termes moyens pour soulager les esclaves sans s'attirer la colère des maîtres. Le petit nombre d'Espa-

1. Herrera, 2ᵉ décade, p. 107.

gnols établis dans l'île et leur incapacité pour la
culture rendaient d'ailleurs le travail des Indiens
à peu près indispensable au maintien de la colonie; aussi les hiéronymites n'osèrent-ils supprimer les *repartimentos*. Ils s'efforçaient seulement
de réunir les Indiens dans des bourgades, en
régularisant leur servage. Ils avaient de plus
écrit en Espagne pour demander des laboureurs
et des nègres qui pussent remplacer les naturels
dans la culture des terres ou dans l'exploitation
des mines [1].

1. Herrera, qui est en général peu favorable à Las Casas, a
prétendu qu'il s'était associé à cette demande, et son accusation,
répétée par Charlevoix, par Robertson et par Raynal, a fait
croire longtemps que le missionnaire espagnol n'avait réellement défendu les Indiens qu'au détriment des races africaines;
mais le Mémoire de Grégoire, intitulé *Apologie de Las Casas*,
l'a complétement absous de cette inconséquence barbare. Il y
est prouvé jusqu'à l'évidence que les Espagnols achetaient des
nègres aux Portugais avant la découverte du Nouveau-Monde,
qu'ils en amenaient à Hispaniola dès leur établissement dans
cette île, et que Las Casas n'a jamais ni sollicité ni même approuvé cette introduction. L'auteur de l'article relatif à l'évêque
de Chiapa dans la *Biographie universelle*, ajoute : « Il existe de
Las Casas, dans la bibliothèque de Mexico, trois volumes ma-

nuscrits, in-folio, dont il y a une copie dans la bibliothèque de l'académie de Madrid : ce sont ses Mémoires, ses lettres officiel-les et familières, et ses autres ouvrages politiques et théologiques. Loin de trouver dans tous ces écrits un mot dont on puisse conclure qu'il ait conseillé de substituer l'esclavage des noirs à celui des Indiens, on y voit, au contraire, dans trois ou quatre endroits où il a occasion de parler des esclaves nègres, qu'il compatit à leurs maux »

VII

Las Casas n'était point homme à accepter de tels accommodements; absolu comme tous ceux qui croient profondément, il voulait la justice entière et sans hésitations. Il adjura donc les religieux de prendre un parti décisif, les sommant de sévir, comme ils en avaient le droit, contre les auteurs des cruautés ou des injustices qu'il leur signalait. Mais les hiéronymites mirent en avant les raisons politiques dont on ne manque jamais en pareille occasion. L'abus avait créé des droits qu'ils ne pouvaient violer; la plupart des officiers royaux tenaient à leurs habitudes d'exactions comme à des priviléges; ceux d'Hispaniola spécialement étaient couverts de tant de crimes, que les soumettre à un examen c'était s'exposer infailliblement à la mort.

— Alors, que Dieu me garde, mes pères! répondit Las Casas; car dès demain je jure de les déclarer publiquement « criminels, homicides et fauteurs de tous nos maux. »

Il tint sa promesse, et les faits par lesquels il appuyait son accusation étaient si connus, que les accusés n'osèrent ni répondre ni se venger ouvertement. On avertit seulement le missionnaire de se retirer tous les soirs au couvent des dominicains, parce que l'on avait formé le complot de venir l'égorger chez lui. Las Casas suivit le conseil, sans discontinuer pour cela ses attaques contre les coupables et ses sollicitations près des religieux hiéronimites. Enfin, voyant qu'il ne pouvait rien gagner, il se décida à repartir pour l'Espagne, où il débarqua de nouveau en 1519.

Cette fois, il ne venait point réclamer la réparation des faits accomplis; l'expérience lui avait prouvé l'inutilité de pareilles demandes; il arrivait avec des plans de colonisation qui pouvaient empêcher au moins le mal de s'étendre. Il les présenta successivement tous au conseil des Indes, mais sans succès; les uns furent repoussés comme trop onéreux, les autres comme trop difficiles. Enfin Las Casas en proposa un dernier : il s'agissait de lui concéder un territoire dont l'entrée serait interdite aux Espagnols, et sur lequel il irait s'établir avec des laboureurs, des religieux et cinquante gentilshommes. Tous devaient avoir les armoiries, l'éperon d'or, et porter des vêtements blancs marqués d'une croix rouge, *afin que les Indiens ne pussent les prendre pour des Castillans.* Avec leur aide, Las Casas se faisait fort de réunir les sauvages en villages, de les convertir et de les amener à payer un tribut.

Ce projet ne pouvant soulever aucune objection spécieuse, on se contenta de l'ajourner. A cette nouvelle, l'ordre des dominicains, qui avait soutenu Las Casas dans toutes les démarches, s'émut sérieusement. Les huit prédicateurs du roi se présentèrent un jour au conseil des Indes, et se plaignirent avec hauteur de la mauvaise volonté des conseillers. L'évêque de Burgos, qui présidait, tâcha de s'excuser en promettant de faire expédier sous peu les commissions sollicitées par Las Casas.

— Soit, seigneurs, répondit le docteur de la Fuente, en se retirant; vous nous présenterez ces provisions lorsqu'elles seront prêtes, et, si elles sont justes, nous les exécuterons ; mais, si elles sont injustes, nous prêcherons à l'encontre et maudirons ceux qui les auront faites.

Ces fières paroles auraient sans doute mis fin aux lenteurs du conseil, si l'évêque de Darien n'était venu tout à coup soulever de nouveaux obstacles. Il arrivait de son évêché avec l'opinion bien arrêtée que tous les essais de civilisation tentés parmi les sauvages devaient rester sans résultat. Cette croyance était trop favorable aux adversaires de Las Casas pour qu'ils négligeassent de s'en armer contre lui. L'évêque de Darien fut appelé devant le roi, où il soutint son opinion en se fondant principalement sur ce que *les Indiens étaient esclaves de la nature!* Las Casas lui répondit victorieusement, et termina sa réfutation par ces nobles paroles :

— Notre religion chrétienne est universelle ; elle se communique à toutes les nations du monde ; elle les reçoit toutes également, et elle n'ôte à aucune sa liberté ou ses seigneurs, ni ne met ses personnes en servitude, sous prétexte qu'elles sont *esclaves de la nature* [1].

Cette réplique fit sans doute quelque effet sur l'évêque de Darien lui-même, car il n'insista point et approuva l'entreprise de Las Casas.

Ainsi débarrassé de tout contradicteur, celui-ci arracha enfin au conseil des Indes les provisions sollicitées, qui furent signées le 19 mai 1520. Elles lui concédaient un territoire de trois cents milles, compris entre Paria et Sainte-Marthe, et connu sous le nom de province de Cumana [2].

1. Herrera, 2ᵉ décade, p. 252.
2. Gomera, cap. LXXVII.

VIII

Mais de graves événements s'étaient passés en
Amérique depuis le départ de Las Casas. Les côtes
de Cumana, jusqu'alors presque inconnues des Espagnols, avaient été visitées, depuis peu, par leurs
aventuriers, qui avaient pillé les villages et enlevé
les Indiens. Ceux-ci s'en étaient vengés en tuant
deux frères dominicains établis dans leur pays, et
le gouvernement d'Hispaniola avait envoyé Campo
avec trois cents soldats pour les punir.

Las Casas rencontra ce dernier à Porto-Rico, et,

n'ayant pu le détourner de sa funeste expédition, il s'embarqua à la hâte pour Saint-Domingo afin de le faire au moins rappeler. Il montra aux officiers royaux les provisions qui lui accordaient la propriété de la province de Cumana avec défense à tout Espagnol d'y pénétrer sans son autorisation. On examina les pièces ; et comme il ne s'y trouva aucune irrégularité, on répondit *qu'on en délibérerait*. Ce n'était qu'un prétexte pour traîner les choses en longueur. Il fallut renouveler vingt fois la demande, avoir recours aux prières et aux menaces. Enfin l'ordre que sollicitait Las Casas fut expédié ; mais, lorsqu'il voulut se réembarquer, on déclara son navire impropre à la navigation, si bien qu'il fallut attendre une occasion de s'en procurer un autre.

Las Casas réussit pourtant à surmonter tous les obstacles et à lever l'ancre. Il passa d'abord par Saint-Jean de Porto-Rico, où il avait déposé les laboureurs qu'il amenait d'Espagne pour sa colonie ; mais ceux-ci, ne le voyant point revenir, s'étaient engagés ailleurs et dispersés. Il fut donc obligé de faire voile pour Cumana avec le petit nombre de gens qu'il avait à sa suite.

Pour comble de disgrâce, les cent vingt hommes qu'il devait chosir dans la troupe de Gonzalès d'O-campo refusèrent de rester avec lui, prétendant qu'il n'y avait aucun profit à espérer sous un chef qui ne permettait ni la guerre ni le pillage. Las Casas ne se laissa point abattre par ce nouveau contre-temps. Il s'occupa de bâtir des magasins, des habitations, une chapelle, et de se mettre en relations avec les sauvages.

Comme nous l'avons dit, ces côtes étaient depuis longtemps déjà fréquentées par les aventuriers qui venaient pour y faire le trafic de l'or ou pour y chercher des esclaves, et par les Espagnols fixés à Cubagua. Les colons d'Hispaniola avaient établi dans cette dernière île des pêcheries de perles auxquelles ils employaient les habitants des Lucayes, que l'on tenait pour les plus habiles plongeurs de toute l'A-mérique. Ces malheureux étaient encore traités plus cruellement que les autres Indiens. On ne leur donnait pour nourriture que les huîtres qu'ils pêchaient, et, lorsqu'ils revenaient sur l'eau, on les frappait de verges, afin qu'ils ne fussent point tentés de *respirer trop longtemps*. Le séjour prolongé sous la mer avait donné à leurs cheveux noirs une teinte brûlée qui les rendait semblables aux poils des loups marins; leur corps était couvert de salpêtre, et on les eût pris pour une autre espèce d'hommes.

Les Espagnols de Cubagua, non contents des profits qu'ils retiraient de cette pêche, faisaient le commerce dans la province de Cumana. Ils avaient introduit l'usage du vin parmi les sauvages, qui, une fois ivres, finissaient toujours par se prendre de querelles et s'entre-tuer. Las Casas voulut mettre fin à ces désordres en bâtissant sur la rivière de Cumana une forteresse qui barrerait la route aux trafiquants, mais ceux-ci y mirent opposition. Il s'adressa alors à l'alcade-major de Cubagua, qui ne lui fit aucune réponse satisfaisante. Enfin, voyant que le mal allait toujours croissant et que les Indiens devenaient chaque jour plus intraitables, il se décida à repartir pour Hispaniola, où se trouvait le siége du gouvernement de toute l'Amérique. Il laissa François de Sotto à la tête de sa colonie naissante, après lui avoir expressément recommandé de garder toujours à sa disposition les deux navires qu'il avait, afin de se réserver, quoi qu'il arrivât, un refuge sur la mer. Malheureusement cet avis prudent ne fut point suivi.

IX

Le vaisseau sur lequel s'était embarqué Las Casas avait pour capitaine un homme sans expérience; il fit fausse route, et n'arriva que trois ou quatre mois plus tard à l'île Espagnole; encore aborda-t-il fort loin de Saint-Domingo, que le missionnaire fut obligé de gagner à pied.

Un jour qu'il dormait sous un courbaril, entouré de ses compagnons de route, il fut éveillé en sursaut par le galop d'un cheval, et aperçut un Espagnol qui venait vers eux le chapelet au cou et la lance à la main, selon l'usage des colons. L'Espagnol s'arrêta à la vue des voyageurs, et leur demanda en souriant s'ils étaient partis avant le coup d'eau-de-vie pour être déjà fatigués à la chicolade[1]. Ceux-ci répondirent qu'ils venaient de loin et qu'ils avaient déjà fait cinq bouts de tabac depuis le matin. La conversation s'engagea ensuite sur ce qu'avait rapporté la dernière fonte, sur la révolte du cacique Henri et sur le prix des *vellacos*[2]. Enfin un des voyageurs ayant demandé à ce cavalier si l'on avait récemment reçu à Saint-Domingo quelque nouvelle du continent :

— Une grande nouvelle, répondit-il ; le protecteur des Indiens et tous ceux qu'il avait établis à Cumana ont été massacrés par les sauvages.

Las Casas se leva en poussant un cri, et refusa de croire jusqu'à ce que l'Espagnol lui eût répété la

---

1. A Saint-Domingue, l'eau-de-vie, le chocolat et le tabac servaient à partager le jour ou à mesurer les distances. L'heure du coup d'eau-de-vie était le point du jour ; celle de la chicolade, huit heures du matin. L'éloignement d'un lieu à un autre s'estimait par le nombre de bouts de tabac que l'on pouvait fumer en faisant la route. LABAT, vol. VI, p. 85-86.

2. C'était ainsi que les Espagnols appelaient les Indiens.

nouvelle avec de tels détails et de telles preuves que le doute lui devenait impossible. Alors ils s'agenouilla sans faire entendre une plainte, joignit les mains et murmura seulement ces paroles de l'Oraison dominicale :

— Mon Dieu, que votre volonté soit faite sur la terre comme au ciel !

Mais les larmes inondaient son visage. Il venait de comprendre que la cause des Indiens était perdue à jamais. Arrivé à Saint-Domingue, il se retira dans le couvent des dominicains et prit l'habit de cet ordre, renonçant pour le moment à toute entreprise [1].

1. Remesai, lib. II, cap. xii. xiii ; Oviedo, lib. XIX. — Robertson déclare aussi qu'il prit alors l'habit de dominicain, quoique, par une inexplicable contradiction, il ait dit précédemment que Las Casas appartenait depuis longtemps à cet ordre.

X

Il faut le dire d'ailleurs, de nouveaux efforts eussent été inutiles. Au point où les choses en étaient
venues, l'autorité d'un homme, la volonté même
d'un gouvernement, ne pouvaient plus les arrêter.
Le mouvement qui précipitait toutes les audaces et
toutes les ambitions de l'Espagne sur le Nouveau-
Monde était un de ces irrésistibles élans que les
plus puissants génies peuvent quelquefois conduire, mais jamais suspendre. La conquête du
Mexique était déjà presque achevée, celle du Pérou
allait commencer, et les seigneurs de Castille ven-

daient leurs fiefs pour armer des caravelles qui pussent les conduire au pays des merveilles; car ce n'était point seulement de l'or qu'ils espéraient y trouver, mais le paradis terrestre même dont Christophe Colomb croyait avoir entrevu la fontaine [1]. Rien ne peut donner idée de l'énergie déployée par les héros de ces entreprises inouïes. Réunis au nombre de deux ou trois cents cavaliers, ils abordaient un pays inconnu et en entreprenaient la conquête sans savoir même quels ennemis ils auraient à combattre. L'ambition, l'orgueil, le fanatisme religieux se réunissaient pour les rendre invincibles. Des signes de feu s'étaient montrés dans le ciel comme pour annoncer la victoire, et il y avait parmi ces aventuriers des femmes qui guérissaient les blessures avec des prières [2]. Aussi continuèrent-ils à combattre un contre mille pendant des jours, des mois, des années ! Quand la poudre leur manquait, les plus hardis montaient aux volcans qui fumaient à l'horizon, se faisaient

1. Herrera, 1re décade, p. 227.
2. Isabelle Rodrigues, qui faisait partie de la troupe de Cortés.

descendre dans un sac jusqu'au fond du cratère, et revenaient avec du soufre pour en fabriquer [1]. Ce n'étaient plus, en un mot, comme autrefois, des bandits munis d'une commission du roi pour dépouiller quelques misérables peuplades; c'étaient des hommes de guerre conquérant de grands empires.

Le résultat n'était pas changé, sans doute, mais l'immensité même de la dévastation et l'audace heroïque avec laquelle elle était accomplie la rendaient moins odieuse. Il y avait autour de tout cela *cette poudre de gloire*, qui empêche de bien voir, et ce prestige du succès auquel la foule n'échappe jamais. Lorsque l'on vit revenir sur des caravelles chargées d'or les mêmes hommes qui étaient partis quelques années auparavant avec la cape et l'épée, un long cri d'admiration parcourut l'Espagne. L'iniquité était trop splendidement triomphante pour n'être point déclarée juste et surtout imitée. Cortès venait d'envoyer en présent, à la cour d'Espagne,

1. Herrera, 3ᵉ décade, p. 234.

des perles, une coulevrine d'argent massif et
soixante-dix mille castillans d'or [1]. Le roi ne pouvait déclarer impure la source d'où lui venaient
tant de richesses ; aussi approuva-t-il tout ce qui
avait été fait et ne refusa-t-il aux vainqueurs aucun privilége. Les villes qu'ils avaient fondées
eurent leurs armoiries, leurs tribunaux, leurs évêques ; les habitants conservèrent le droit de porter
en tout temps les armes offensives ou défensives ;
enfin, sur la demande des colons, le roi déclara
que la Nouvelle-Espagne ne pourrait jamais être
séparée de la couronne de Castille, que c'était sa
volonté, et qu'il ordonnait d'y ajouter foi comme à
un précepte de loi et de pragmatique-sanction. Que
pouvait la voix de Las Casas au milieu de ces eni-
vrements de la conquête, sinon continuer à pro-
tester sans espoir d'être écouté ?

Cependant les habitants d'Hispaniola eurent recours à son autorité pour une affaire difficile que
lui seul pouvait terminer. L'outrage fait à la

1. La coulevrine valait 24,000 castillans, ce qui faisait en tout
94,000 castillans, ou 413,000 francs de notre monnaie.

femme du cacique Henri par un officier espagnol, avait allumé une guerre qui durait depuis quatorze ans et dont la colonie souffrait chaque jour davantage. On supplia Las Casas de s'entremettre pour négocier la paix. Il accepta la mission, s'enfonça dans les montagnes de Beorako, où s'étaient réfugiés les insurgés, et réussit à leur faire déposer les armes. Les Espagnols se réunirent alors pour attaquer les Indiens à l'improviste, et ils achevèrent de les exterminer.

XI

Cette dernière trahison ralluma toute l'ardeur de
Las Casas, il repassa en Espagne et y renouvela
ses plaintes. Mais si les dominicains les appuyaient,
beaucoup d'autres religieux s'efforçaient de les
étouffer ou d'y répondre. Sepulveda, entre autres,
chanoine de Salamanque et historiographe de
Charles-Quint, publia un écrit dont le titre mérite
d'être rapporté ; le voici : *Dissertation pour savoir
s'il est permis de faire la guerre aux Indiens, de
leur enlever leur pouvoir, leurs possessions, tous*

les biens temporels, et même de les tuer lorsqu'ils résistent, afin qu'une fois dépouillés et soumis, ils puissent se laisser plus facilement convertir par les prédicateurs. Il va sans dire que le bon chanoine concluait pour l'affirmative, et déclarait que les Indiens étaient obligés de se soumettre aux Espagnols, « parce que les moins entendus doivent se laisser gouverner par les plus sages. »

Le conseil des Indes et le roi, qui désiraient sur toute chose étouffer ces discussions, refusèrent à Sepulveda le droit d'imprimer sa dissertation. Il la fit alors publier à Rome et répandre en Espagne par le moyen des franciscains. Las Casas se décida aussitôt à écrire sa *Brève relation de la destruction des Indiens*, qui fut imprimée à Séville, malgré l'Inquisition. Le roi fit saisir l'édition, mais quelques exemplaires avaient échappé ; ils parvinrent en Hollande, et l'ouvrage ne tarda pas à être traduit dans toutes les langues.

C'est là que Las Casas se montre tout entier. Après avoir raconté comment les *conquistadores* avaient ravagé sept royaumes, dont le moindre était plus grand que l'Espagne, et tué plus de douze millions d'Indiens, il termine son horrible procès-verbal par cette sublime péroraison :

« Moi, frère Barthélemy de Las Casas, religieux de saint Dominique, venu, par la miséricorde de Dieu, dans cette cour d'Espagne, pour que l'enfer soit retiré des Indes, et aussi poussé par le soin et la compassion de ma patrie, qui est Castille, afin que Dieu ne la détruise pas pour les grands péchés commis contre sa foi, son honneur et le prochain, j'achève ce traité sommaire à Valence le 8 décembre 1542.

» Le dommage qu'ont reçu les couronnes de Castille et de Léon, de ces dégâts et tueries, les aveugles le verront, les sourds l'ouïront, les muets le crieront, et les sages le jugeront.

» Et parce que je ne puis désormais vivre long-temps, j'appelle à témoin Dieu et toutes les hiérarchies et les ordres des anges, tous les saints de la cour céleste et tous les hommes du monde, de la

certification que j'en donne et de la décharge que
j'en fais de ma conscience ! »

Cet éloquent manifeste remua la cour elle-même.
On assembla, à Valladolid, un conseil composé de
docteurs, de jurisconsultes et de membres de la
compagnie des Indes, devant lesquels Sepulveda et
Las Casas furent appelés à soutenir contradictoire-
ment leurs opinions. Mais tout se borna, ainsi que
le roi l'avait espéré, à un débat théologique. Le
chanoine de Salamanque entraîna son adversaire
dans un dédale d'arguties. L'intérêt humain que
celui-ci avait su donner à la cause disparut, l'at-
tention publique se fatigua, et, après de longues
discussions, tout se trouva aussi obscur et aussi
incertain que par le passé.

Las Casas vit que Charles-Quint était décidé à ne
point s'éclairer, afin de pouvoir mettre sa partialité
sous la sauve-garde de son ignorance. Le missionnaire avait dit, en proclamant la justice de sa
cause, que les sourds l'entendraient et que les
aveugles la verraient, mais il ne pouvait rien con-

tre ceux qui ne voulaient ni voir ni entendre; aussi se résigna-t-il au silence. Seulement, comme il avait été nommé évêque de Chiapa dans le Mexique, il s'embarqua pour son diocèse, espérant que sa présence serait une dernière protection pour les Indiens.

XII

Les biographes ne nous ont rien dit de ce dernier
séjour du saint missionnaire dans le Nouveau-
Monde. Tant d'épreuves avaient éteint sans doute
en lui cette ardeur militante qui n'est que le sentiment de notre force réchauffé par la faculté d'espérer. Après avoir tendu ses mains pour le combat,
puis les avoir jointes pour la prière, le croyant
avait peut-être fini par s'en voiler le visage et par
attendre dans une calme résignation la visite de
Dieu.

Enfin, vers 1551, il se démit de son évêché et revint en Espagne, âgé de soixante-dix-sept ans. Il en avait passé cinquante en Amérique, et avait traversé douze fois les mers pour la défense des Indiens.

Or, quoi que l'on puisse penser des résultats possibles de cette défense [1], Las Casas n'en restera pas moins à jamais, comme saint Vincent de Paule, un type offert à la vénération de tous. Il appartient, en effet, au petit nombre de ces hommes qui, pour avoir été les représentants les plus complets de la fraternité humaine, sont devenus lés saints de l'humanité entière, sans acception de race.ni de croyance.

On peut discuter leurs œuvres, comme on dis-

---

1. Nous croyons fermement que la destruction des Indiens était inévitable. Lors même que les Espagnols ne l'eussent point hâtée par leurs inexcusables cruautés, elle se fût, à la longue, fatalement accomplie. Partout où deux races se trouvent en présence, la plus forte, la plus intelligente, la plus civilisée efface l'autre, soit en la détruisant, soit en se l'assimilant, et tout ce qu'on peut désirer, c'est que cette transformation s'accomplisse sans trop de souffrances pour la race inférieure.

cute celles de Dieu lui-même, mais non le dévoûment qui fait leur véritable gloire : parce qu'ils ont aimé les hommes plus que nuls autres, ils en seront aimés plus que nuls autres et à jamais!

FIN

TABLE

LIVRE PREMIER

SAINT-DOMINGUE.   1

LIVRE DEUXIÈME

LES JÉSUITES AU PARAGUAY.   93

LIVRE TROISIÈME

CANADA. — ACADIE. — TERRE-NEUVE. —
BAIE D'HUDSON.   135

LIVRE QUATRIÈME

MISSIONNAIRES ET VOYAGEURS.   241

POISSY. — TYP. ET STÉR. DE A. BOURET.